신종성 프랑스어

회화로 배우는

왕초보

프랑스어

신중성 프랑스어

회화로 배우는 왕초보 프랑스어

초판1쇄 2012년 5월 21일
초판5쇄 2015년 12월 23일

저 자 신중성 편
발 행 인 윤우상
책임편집 최준명, 윤병호
북디자인 DesignDidot 디자인디도
발 행 처 송산출판사
주 소 서울특별시 서대문구 홍제 2동 104-6
전 화 (02) 735-6189
팩 스 (02) 737-2260
홈페이지 http://www.songsanpub.co.kr
등록일자 1976년 2월 2일. 제 9-40호

ISBN 978-89-7780-181-3 (13760)

신중성 프랑스어

회화로 배우는

왕초보
프랑스어

신중성 편

송산출판사

머리말

본 교재는 프랑스어를 처음 시작하시는 분들을 위해 가장 쉽고 재밌게 회화 중심으로 배울 수 있도록 기획되었다. 문법 나열식의 기존 교재들과는 달리 현재 프랑스어 학습의 새로운 트렌드에 맞춰 프랑스어에 있어서 가장 중요한 발음과 기본 회화를 중심으로 체계있게 프랑스어 문법을 공부할 수 있도록 되어 있다.

이에 프랑스어 발음 학습을 위해 자세한 발음법 설명과 녹음에 많은 지면을 할애하였으며 정확한 발음 공부를 위해 실생활 프랑스어 발음들을 초보자들이 그대로 느낄 수 있도록 하기 위해 프랑스 대학생들의 본문 녹음으로 더욱 더 현장감있게 발음과 회화, 문법 학습을 할 수 있게 하였다.

본 교재의 가장 효과적인 학습 방법으로는 먼저 정확한 발음 공부 후 녹음되어 있는 CD를 통해 어휘 및 표현 등의 본문들을 매 과 마다 정확히 익힌 후 본문 내용에 맞는 프랑스어 문법을 단계적으로 이해하며 연습 문제들을 통하여 해당되는 과들의 핵심 문법 내용들을 정확히 이해하며 확인해 나가는 것이다. 또한 회화 중심의 이 교재와 더불어 구문 중심으로 기획된 『귀가 열리면 입이 열린다』 시리즈와 함께 병행하여 학습한다면 최고의 효과를 얻을 수 있으리라 확신한다.

프랑스어 학습에 가장 중요한 것은 발음이다. 이를 위해 정확한 발음 공부 방법들을 발음법과 복습 파트까지 앞부분에 실어 혼자 다양하게 발음을 확인할 수 있도록 하였고, 다시 한 번 더 발음 업그레이드를 위해 교재 끝의 부록 파트에 다양한 발음 상황 단어들을 통해 발음 공부를 최종 확인할 수 있도록 녹음을 하였다. 동시에 동사들의 시제 흐름표도 부록으로 수록되어 있어 동사까지도 체계있게 같은 그룹끼리 공부할 수 있도록 하였다.

본문 회화 내용도 초보자에게 맞도록 가장 쉽고 재밌게 상황별 회화 표현으로 되어 있고 프랑스 생활에 가장 필수적인 회화 연습까지 할 수 있도록 하였다. 이 교재만으로도 발음, 기본 실생활 회화, 기본 문법과 청취 학습까지도 가능하다.

프랑스어 학습에 정도는 없으나 좋은 교재와 좋은 선생님을 만난다면 한층 더 쉽게 배울 수 있을 거라 생각한다. 이 교재가 여러분들의 좋은 교재와 선생님이 되길 기원한다.

끝으로 이 교재 출간에 많은 도움을 주신 송산 출판사 윤우상 사장님과 윤병호 과장님, 최준명 대리님에게 심심한 감사의 말씀을 전한다.

아울러 이 교재 출간에 여러모로 많은 도움을 주신 종로 신중성학원 강남 캠퍼스 리나최 부원장님, 프랑스 원어민 아나이스 선생님, 원활한 녹음 진행에 도움을 주신 이초영 선생님과 꼼꼼하게 원고 교정을 해주신 종로 캠퍼스 이소영 학감님에게 감사한 말씀을 드리고 싶다.

2012년 5월 15일
종로 신중성어학원 종로, 강남, 신촌 캠퍼스 원장 신중성

차 례

발음연습

Ⅰ. Alphabet [alfabɛ]  #01

A	[ɑ]	B	[be]	C	[se]	D	[de]	E	[ə]	F	[ɛf]
G	[ʒe]	H	[aʃ]	I	[i]	J	[ʒi]	K	[ka]	L	[ɛl]
M	[ɛm]	N	[ɛn]	O	[o]	P	[pe]	Q	[ky]	R	[ɛːr]
S	[ɛs]	T	[te]	U	[y]	V	[ve]	W	[dubləve]		
X	[iks]	Y	[igrɛk]	Z	[zɛd]						

● **A, E, I, O, U, Y**의 여섯 개는 모음자이고, 그 외는 자음자이다. 프랑스어에서는 보통 모음자로 시작되는 단어 앞에서도 발음이나 문법상의 약속이 많이 있으므로 모음자로 시작되는 단어는 특히 주의를 해야 한다.

● k와 w는 순수한 프랑스어 글자가 아니고 외래어에 한해서 사용한다.

● 프랑스어에서는 위와 같이 알파벳 호칭과 실제의 발음이 대체로 일치하며, 영어와 같이 a를 '아, 에, 에이' 등 처럼 여러 가지로 발음되는 일은 극히 적고 **한 가지는 거의 한 가지 발음**으로 발음된다.

● w는 v[ve]가 두개 있으므로 double v 〈두개의 v〉로 발음하며, Y는 i grec 즉, 〈희랍어의 i〉라는 뜻이다.

● b와 v는 위, 아랫 입술을 가볍게 대어 발음하고, v는 아랫 입술을 윗 이로 가볍게 깨물고 윗 이에 마찰시켜 앞으로 보내면서 발음한다.

● l과 r음 : l은 혀 끝을 가볍게 위 잇몸에 대고 발음하고, r는 **혀 끝을 아랫 잇몸에 대고 혀의** 후부와 목젖으로 발음한다.

Ⅱ. 모음의 발음

음은 혀의 위치와 입술 모양에 따라 다른 음이 되는데, 프랑스어의 16모음에 대해 그 위치와 모양을 나타내면 다음과 같이 된다.

● **평순 전설 모음 :** 입술을 평평하게 하고 혀를 앞으로 밀어서 발음하는 것으로 [a]에서 [i]로 옮겨감에 따라 입술이 점차 좌우로 열리고, 동시에 혀는 점차 앞으로 나온다. [ɛ]는 '열린 에', [e]는 '닫힌 에'로 된다.

● **원순 후설 모음 :** 입술을 둥글게 하여 내밀고 혀를 뒤로 밀어서 발음하는 것으로, [a]에서 [u]로 옮겨감에 따라 입술은 점차 둥글게 내밀고, 동시에 혀는 구개에 따라 뒤로 물러난다. [ɔ]는 '열린 오', [o]는 '닫힌 오'이다.

● **원순 전설 모음 :** 입술을 둥글게 내밀고 혀를 앞으로 밀면서 발음하는 것으로, 평순 전설 모음과 원순후설 모음을 짜 맞춘 모음이 된다.

● **비(鼻)모음 :** 숨을 입과 코의 양쪽에서 내쉬면서 발음하는 모음이다.

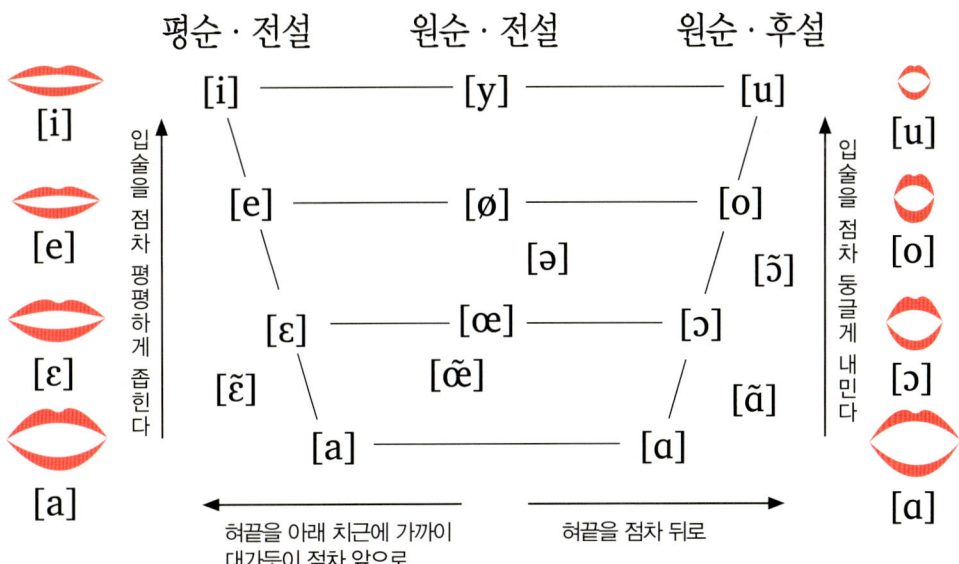

1. 단모음자 발음법

#02

a [a, ɑ]		ami [ami] 친구	bagages [bagaːʒ] 짐
		sage [saːʒ] 현명한	page [paːʒ] 페이지
		pâtisserie [pɑtisri] 제과점	pâture [pɑtyːr] 방목장
		garagiste [garaʒist] 자동차 정비사	

o [o, ɔ]		mauvais [movɛ] 나쁜	photo [fɔto] 사진
		portable [pɔrtabl] 핸드폰	rose [roːz] 장미
		sortir [sɔrtiːr] 외출하다	poli [pɔli] 공손한

i [i]		pyjama [piʒama] 잠옷	amical [amikal] 친절한
		stylo [stilo] 만년필	partie [parti] 부분
		ici [isi] 여기에	vie [vi] 인생
		miracle [miraːkl] 기적	bis [bis] 앵콜, 재청

발음 설명 ① a자는 '에이'나 '애'로 발음되지 않으며 항상 〈아〉이다.
② o자는 '오우'가 아니고 항상 〈오〉또는 〈오-〉이다.
③ I자는 '아이'가 아니고 항상 날카로운 〈이〉, 또는 〈이-〉이다.

#03

u [y]		urne [yrn] 투표함	tu [ty] 너
		pur [pyːr] 순수한	culture [kyltyːr] 문화, 경작
		juste [ʒyst] 정당한	plus [ply] 더
		usine [yzin] 공장	uniforme [ynifɔrm] 유니폼

e [ə]		ceci [səsi] 이것	secret [səkrɛ] 비밀
		menu [məny] 메뉴, 정식	mener [məne] 이끌다
		petit [pəti] 작은	regret [rəgrɛ] 유감

발음 설명 ① u자는 항상 날카로운 〈위〉발음이다. 프랑스어만의 특이한 음으로서 입모양은 '우'의 상
태에서 짧게 끊어 '이' 발음을 낸다. 단, 입술모양은 변해서는 안 된다.
② 프랑스어의 음절은 자음자와 모음자의 순서로 묶여지는 것이 원칙이다. 따라서 promenade
(산책)는 pro-me-na-de [prɔ-mə-na-d]로 된다.

③ 어미의 음절에서 마지막 자음자는 특별한 경우를 제외하고 보통 발음하지 않는다.

regret [rə-grɛ], secret [sə-krɛ]

 #04

e [e]		passer [pɑse] 지나가다 effet [efɛ] 효과 possessif [pɔsesif] 소유의 effort [efɔːr] 노력 écharpe [eʃarp] 스카프 objet [obʒɛ] 사물 premier [prəmje] 첫 번째 esprit [espri] 정신
e [ɛ]		lettre [lɛtr] 편지 cruel [kryɛl] 잔인한 fer [fɛːr] 철 mer [mɛːr] 바다 ferme [fɛrm] 농장 bref [brɛf] 간결한

발음 설명 ① e자는 뒤의 자음자와 연결될 때 〈에〉로 발음된다. [e] (약간 날카로운 '에')와 [ɛ] (입을 더 벌린 보통의 '애')가 있다. [e]는 ez, ed, er, ier의 어미에서 발음되고, 그 밖의 경우는 보통 [ɛ]이다.

② 단, effet, effort에서 처럼 어두의 e자나 겹자음 앞의 e는 모두 [e] 발음이다.

 #05

é [e]		bébé [bebe] 아기 blé [ble] 밀 thé [te] 차 général [ʒeneral] 일반적인 été [ete] 여름 écouter [ekute] 듣다 égal [egal] 동등한
è ê [ɛ]		fenêtre [fənɛtr] 창문 siècle [sjɛkl] 세기 scène [sɛn] 장면 succès [syksɛ] 성공 mètre [mɛtr] 미터 première [prəmjɛːr] 첫 번째의(여성형) forêt [fɔrɛ] 숲 tempête [tɑ̃pɛt] 폭풍우 père [pɛːr] 아버지 tête [tɛt] 머리

발음 설명 악쌍 (accent) – 위와 같이 프랑스어에서는 발음을 보조하기 위해 여러 가지 기호를 붙인다. 이것을 〈악쌍〉이라고 하며, 다음과 같이 세 가지가 있다. 붙이는 글자도 아래와 같이 한정되어 있다.

[ˊ] accent aigu	é
[ˋ] accent grave	è à ù
[ˆ] accent circonflexe	ê â î ô û

위의 général도 악썽이 없다면 〈쥬느랄〉이라고 읽게 되는데, e자 이외의 a, o, u의 악썽은 발음에 영향은 없으며, 같은 철자의 말을 구별해줄 뿐이다.

예 a [a] 가지다   à [a] ~에게
    ou [u] 또는   où [u] 어디에
    mur [my:r] 벽   mûr [my:r] 익은

단, [ˆ]는 음이 약간 길어지는 것이 보통이다. 이것은 대부분 뒤의 철자인 s를 빼버린데서 생긴 것 같다. 영어에서는 s가 남아있다.

예 forest ➡ forêt 숲   paste ➡ pâte 밀가루 반죽
    hospital ➡ hôpital 병원

그러므로 프랑스어에서의 악썽은 영어의 액센트와는 다르다.

2. 복합모음자 발음법

ai [ε]		aile [εl] 날개 aide [εd] 도움	mai [mε] 5월 saison [sεzɔ̃] 계절
ei [ε]		neige [nε:ʒ] 눈 Seine [sεn] 쎄느 강	peine [pεn] 고통 beige [bε:ʒ] 베이지 색
au, eau [o, ɔ]		eau [o] 물 cause [kɔ:z] 원인	beauté [bote] 아름다움 autre [o:tr] 다른

발음 설명 ① 이처럼 두 개 이상의 모음이 조합하여 하나의 모음을 나타내는 경우가 있다. 이 같은 조합은 항상 1개의 발음을 만들고 다른 식으로 발음되지 않는다. 즉, ai는 항상 〈애〉이며, 다르게 발음되지 않는다. [예외: aï, ail]

② ai, ei의 [ε]는 '에이'가 아니다. 길어져도 '애'이다. au와 eau도 마찬가지로 '오'이며, '오우'가 아니다. ai에는 aî의 형태도 있다. 발음은 똑같이 〈애〉이다.

> 예 chaîne [ʃε:n] 쇠사슬 　　maître [mεtr] 주인

ou [u]		route [rut] 길 doute [dut] 의심	joue [ʒu] 뺨 épouser [epuze] 결혼하다
eu **œu** [œ, ø]		heure [œ:r] 시간 bonheur [bɔnœ:r] 행복 feu [fø] 불 heureux [œrø] 행복한	œuf [œf] 달걀 beurre [bœ:r] 버터 bleu [blø] 푸른 sœur [sœ:r] 여동생

oi [wa]		**poisson** [pwasɔ̃] 생선 **toi** [twa] 너	**soir** [swa:r] 저녁 **poire** [pwa:r] 배

발음 설명　① ou [u]는 입술을 오므린채 내밀면서 날카롭게 발음한다.
　　　　　　② [œ]는 더 둥글게 입을 벌려 [ε]의 입모양으로 [ɔ]라고 발음한다.
　　　　　　③ [ø]는 [e]의 혀 위치에서 [o]발음을 한다. [œ]보다 입을 더 오므린다.

3. 비모음 발음법

 #08

an, am, en, em [ã]		**dent** [dã] 이 **blanc** [blã] 하얀색의 **penser** [pãse] 생각하다	**dans** [dã] ~안에 **temps** [tã] 시간 **souvent** [suvã] 자주
on, om [ɔ̃]		**pont** [pɔ̃] 다리 **complet** [kɔ̃plε] 완전한	**onze** [ɔ̃:z] 11 **nombre** [nɔ̃br] 수
un, um [œ̃]		**parfum** [parfœ̃] 향수 **chacun** [ʃakœ̃] 각자	**un** [œ̃] 하나 **lundi** [lœ̃di] 월요일

발음 설명　① 프랑스어의 비모음은 독특한 음으로 목젖을 아래로 내리고 모음을 코로 낸다. 숨이 입
　　　　　　　과 코로 동시에 빠져나온다. 절대로 [n]의 음이 나와서는 안된다.
　　　　　　② [ã] 발음은 〈엉〉에 가까운 소리로 발음한다.
　　　　　　③ [œ̃] 발음은 〈앙〉에 가까운 소리로 발음한다.

in im ain aim yn ym ein [ɛ̃]		vin [vɛ̃] 포도주 certain [sɛrtɛ̃] 확실한	timbre [tɛ̃:br] 우표 faim [fɛ̃] 배고픔
	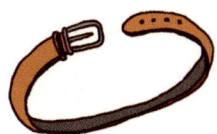	ceinture [sɛ̃ty:r] 벨트 train [trɛ̃] 기차	symbole [sɛ̃bɔl] 상징 matin [matɛ̃] 아침, 오전
oin [wɛ̃]		loin [lwɛ̃] 멀리 coin [kwɛ̃] 구석, 모퉁이	besoin [bəzwɛ̃] 필요 soin [swɛ̃] 정성

발음 설명 ① 이와 같이 ɑ̃, ɔ̃, ɛ̃, œ̃은 모두 비모음 발음으로 비강 발음이 나오므로 다른 모음만큼 상호간의 정확한 구별은 뚜렷하지 못하다.

② 발음 법칙의 예외 :

> 예 immobile [immɔbil] 움직이지 않는
> examen [ɛgzamɛ̃] 시험
> ennemi [ɛnmi] 적

4. 반모음 발음법

 #10

i + 모음자 [j]		ciel [sjɛl] 하늘 chien [ʃjɛ̃] 개	bien [bjɛ̃] 잘 hier [jɛːr] 어제
u + 모음자 [ɥ]		cuillère [kɥijɛːr] 스푼 nuage [nɥaːʒ] 구름	pluie [plɥi] 비 nuit [nɥi] 밤
ou + 모음자 [w]		jouer [ʒwe] 놀다 ouate [wat] 솜, 탈지면	ouest [wɛst] 서쪽 oui [wi] 예

발음 설명 i, u, ou가 뒤의 모음자와 결합하는 경우에는 i-a, i-o, u-a, u-i, ou-i 등의 형태가 있다. 이 때 자연스럽게 두 음이 동화되면서 앞의 모음이 먼저 발음되고, 그 여운이 뒤의 모음에 남아서 '이아'가 〈이야〉, '이오'가 〈이요〉로 앞의 모음자가 반모음으로 발음 된다.

5. y자의 발음법

ey ay **(ei+i)** **(ai+i)** [ɛj]		crayon [krɛjɔ̃] 연필 balayer [balɛje] 비로 쓸다 · asseyez-vous [asɛjevu] 앉으세요 essayer [esɛje] 애쓰다
oy **(oi+i)** [waj]		nettoyer [nɛtwaje] 청소하다 · royal [rwajal] 왕의 voyage [vwaja:ʒ] 여행 · broyer [brwaje] 빻다
uy **(ui+i)** [ɥij]		tuyaux [tɥijo] 파이프, 도관 · essuyer [esɥije] 닦다

발음 설명 ① 모음 사이에 있지 않은 y는 [i]발음이며, 어두에서는 [j]로 된다.

> 예 yaourt [jaurt] 요구르트   yoga [jɔga] 요가

② 모음 사이에 있는 y는 i가 두 개인 것으로 생각해서 발음한다.

6. l자를 [j]로 발음하는 경우와 안하는 경우

 # 12

ail (l) [aːj]		détail [dataːj] 상세	ailleurs [ajœːr] 다른 곳에
eil (l) [ɛːj]		sommeil [sɔmɛj] 잠	bouteille [butɛj] 병 – 용기
euil (l) **œil (l)** [œːj]		feuille [fœːj] 잎	œil [œːj] 눈 – 사람 눈
ouil (l) [uːj]		mouillé [muje] 젖은	grenouille [grənuj] 개구리
ill [iːj]		famille [famiːj] 가족	briller [brije] 빛나다
il, ill [il, i]		outil [uti] (망치, 톱등) 연장 mille [mil] 천 ville [vil] 도시	péril [peril] 위험 fusil [fyzi] 소총 gilet [ʒilɛ] 조끼

20

7. 자음자 c, g 발음법(주의해야 할 모음자와의 발음)

 #13

c ca, co, cu [k] ce, ci [s]		cadeau [kado] 선물 cafard [kafaːr] 바퀴벌레	corps [kɔːr] 육체 cela [səla] 그것

ç ça, ço, çu [s]		garçon [garsɔ̃] 소년 déçu [desy] 실망한 ça [sa] 저것	leçon [ləsɔ̃] 과 façade [fasad] 정면 commençons [kɔmɑ̃sɔ̃] 시작합시다

g ga, go, gu [g] ge, gi [ʒ]	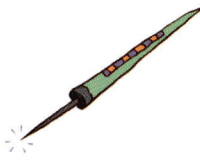	gomme [gɔm] 지우개 genou [ʒənu] 무릎	aigu [ɛgy] 날카로운 girafe [ʒiraf] 기린

ge- gea, geo, geu [ʒ]		nageur [naʒœːr] 수영선수	largeur [larʒœːr] 폭

gu- gue, gui [g]		bague [bag] 반지 guide [gid] 안내(인) langue [lɑ̃ːg] 혀	longueur [lɔ̃gœːr] 길이 vague [vag] 파도 gueule [gœl] 입(짐승의)

발음 설명 ① a, o, u 앞에서는 c와 g는 각각 [k]와 [g]로 발음된다. 그러나 [s]와 [ʒ]로 읽게 하기 위해서 c에는 [ˌ], (cédille 쎄디으)를 붙이고, g에는 e를 삽입한다. 하지만, 이 e는 그 자체로는 발음되지 않는다.

② e와 i 앞에 g자는 [ʒ]음을 [g]로 읽게 하기 위해 u를 삽입한다. 하지만, 그 u도 발음하면 안 된다.

8. 주의해야 할 자음자 발음

 #14

qu [k]		quoi [kwa] 무엇 qui [ki] 누구 quai [ke] 플랫폼, 승강장 quatre [katr] 4
ti [ti] [si]		tigre [tigr] 호랑이 partie [parti] 부분 partiel [parsjɛl] 부분적인 action [aksjɔ̃] 행동 démocratie [demɔkrasi] 민주주의 autocratie [ɔtɔkrasi] 독재주의
x [s] [z] [ks] [gz]		taxi [taksi] 택시 dix [dis] 10 sixième [sizjɛm] 6번째의 taxe [taks] 세금 soixante [swasɑ̃ːt] 60 exercice [ɛgzɛrsis] 연습

9. 복자음자 발음법

ch [ʃ]		chat [ʃa] 고양이 chocolat [ʃɔkɔla] 초콜릿	marchand [marʃã] 상인 chez [ʃe] ~집에
gn [ɲ]		champignon [ʃãpiɲɔ̃] 버섯 champagne [ʃãpaɲ] 샴페인 enseigner [ãsɛɲe] 가르치다	cygne [siɲ] 백조 ignorant [iɲɔrã] 무식한 baignoire [bɛɲwaːr] 욕조
ph [f]		phare [faːr] 등대 philosophe [filɔzɔf] 철학자	phrase [fraːz] 문장 nymphe [nɛ̃f] 요정
sc -e, i, y 앞에서 [s] -a, o, u 앞에서 [sk]		science [sjãːs] 과학 scolaire [skɔlɛːr] 학교의	scie [si] 톱 sculpture [skyltyːr] 조각

III. 읽어보세요  #16

envoyer [ãvwaje] 보내다

honnêteté [ɔnɛtte] 정직

tranquille [trãkil] 조용한

inquiet [ɛ̃kjɛ] 초조한

mignon [miɲɔ̃] 귀여운

brume [brym] 안개

juillet [ʒɥiɛ] 7월

fourchette [furʃet] 포오크

chic [ʃik] 멋진

treize [trɛ:z] 13

ambitieux [ãbisjø] 야심적인

surveiller [syrveje] 감독하다

doigt [dwa] 손가락

chagrin [ʃagrɛ̃] 슬픔

fréquent [frekã] 빈번한

odeur [ɔdœ:r] 냄새

descendre [desã:dr] 내려가다

sérieusement [serjøzmã] 열심히

aujourd'hui [oʒurdɥi] 오늘

quelquefois [kɛlkəfwa] 가끔

debout [dəbu] 서있는

fauteuil [fotœj] 안락의자

sucreries [sykrəri] 사탕과자

emmener [ãmne] 데리고 가다

dehors [dəɔ:r] 밖으로

taille [ta:j] 신장, 사이즈

lieu [ljø] 장소

vigne [viɲ] 포도밭

meuble [mœbl] 가구

seulement [sœlmã] 오직, 단지

chemin [ʃəmɛ̃] 길

jusqu'à [ʒyska] ~까지

paix [pɛ] 평화

revue [rəvy] 잡지

coiffeuse [kwafø:z] 헤어 디자이너

rayon [rɛjɔ̃] 광선, 매장

échec [eʃɛk] 실패

excuser [ɛkskyze] 용서하다

moitié [mwatje] 반

peinture [pɛ̃ty:r] 그림

plusieurs [plyzjœ:r] 몇몇의

patient [pasjã] 참을성 있는

manquer [mãke] 부족하다, 놓치다

paresseux [paresø] 게으른

cheminée [ʃmine] 벽난로, 굴뚝

lumière [lymjɛ:r] 빛

01
(un)

Bonjour.

기본적인 인사 표현

17

- Bonjour, Patrice.

- Bonjour, Alice. Comment ça va?

- Très bien, merci. Et toi?

- Pas mal, merci. Il fait beau aujourd'hui.

- Oui, très beau. Alors, bonne journée!

- Bonne journée!

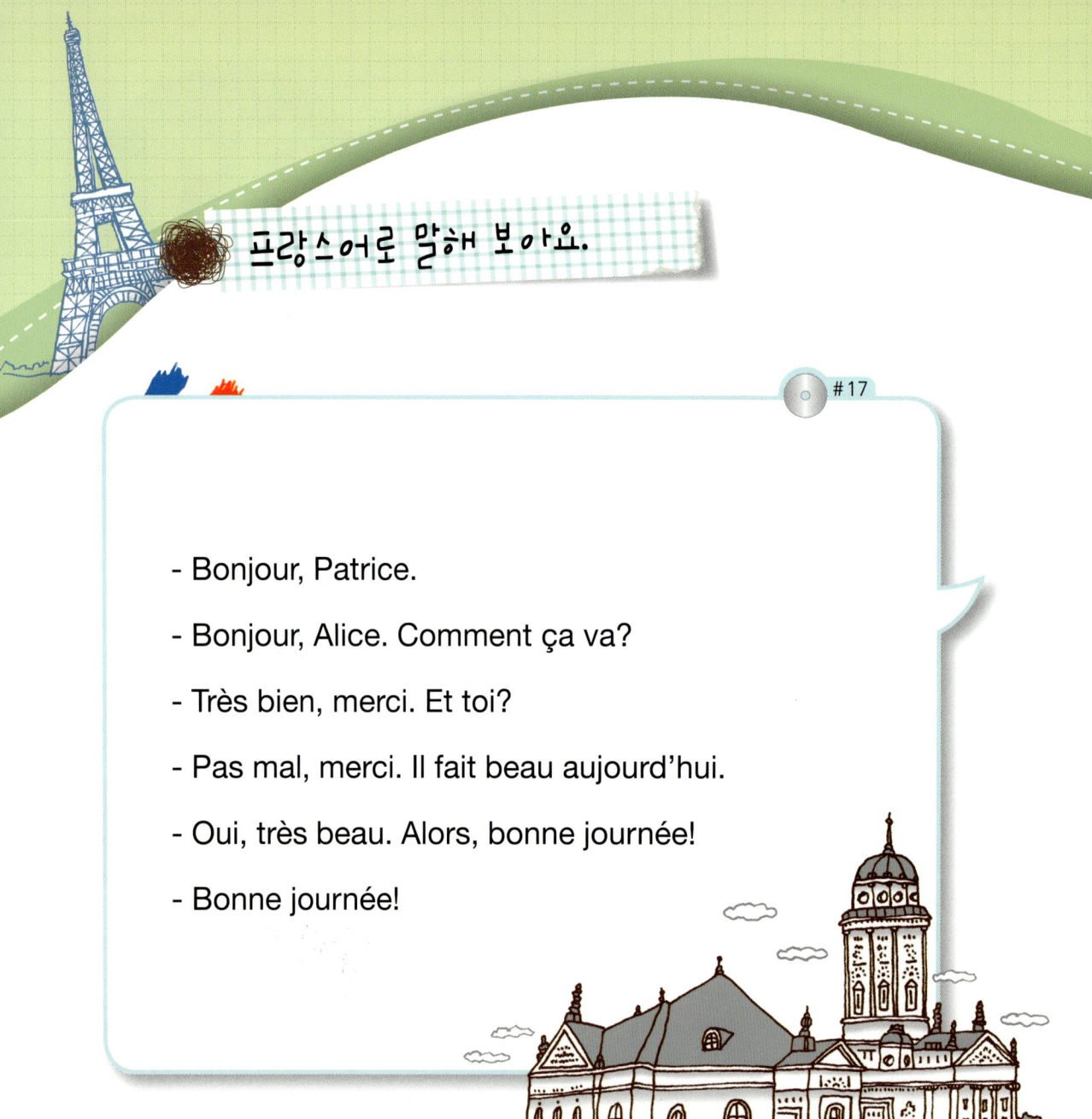

mots et expressions # 18

bonjour : 안녕하십니까? (아침 · 낮 인사)

Comment ça va? : 잘지내니? (va는 aller 동사)

ça va : 잘지내, 좋아

très : 매우, 대단히

bien : 잘, 좋은

merci : 고마워

et : 그리고 (t는 발음이 안된다는 것에 주의)

‒ 안녕, 빠트리스.

‒ 안녕, 알리스. 잘지내니?

‒ 매우 좋아, 고마워. 그런데 너는?

‒ 아주 좋아, 고마워. 오늘 날씨가 좋구나.

‒ 그래, 매우 좋아. 그럼, 즐거운 하루 보내!

‒ 즐거운 하루 보내!

❶ mots et expressions   # 18

toi : 너 (주격 2인칭 단수 tu의 강세형)

pas mal : 매우 좋다

il fait beau : 날씨가 좋다 (fait는 faire 동사의 주격 3인칭 단수형)

aujourd'hui : 오늘

oui : 예, 그래

alors : 그러면, 그래서

bon, bonne : 좋은

journée : 하루 (아침부터 저녁까지)

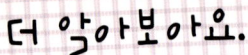

1 **안녕하세요.** (아침부터 어두워지기 전까지의 인사)

Bonjour.는 오전부터 저녁이 되기 전까지의 일상적인 인사 표현이다. 저녁 이후 부터는 Bonsoir.라고 말한다. 또한 Bonne nuit.는 늦은 저녁 시간에 헤어질때 흔히 쓰는 인사 표현으로 '잘자'라는 뜻이다. 집안에서 가족끼리 자기 전에 많이 쓰이는 인사 표현이기도 하다.

Bonjour.와 Bonsoir.라고 인사할때, 상대가 자신보다 나이가 많은 사람이거나 친하지 않은 사람일 경우 뒤에 monsieur(남성에게), madame(기혼 여성에게), mademoiselle(미혼 여성에게)을 붙여 말하는게 좋다. 자연스럽게 나오도록 연습하자.

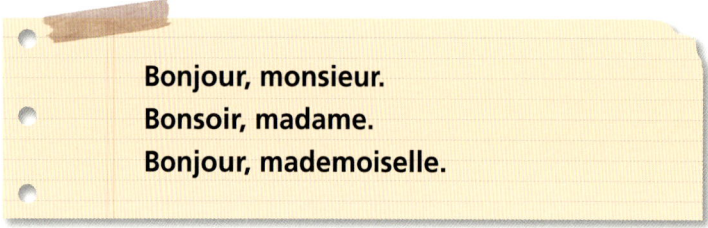

Bonjour, monsieur.
Bonsoir, madame.
Bonjour, mademoiselle.

2 **잘지내십니까?**

Comment allez-vous? 잘지내십니까? (= Vous allez bien?)
– **Très bien, merci. Et vous?** 매우 잘 지내고 있습니다. 감사합니다. 당신은요?

기본적인 안부 표현에는 일반적으로는 위와 같은 표현들이 잘 알려져 있으나, 친한 사람일 경우에는

Comment ça va? 잘지내니?
– **Ça va bien, merci.** 좋아. 고마워.

또, 학교 친구들이나 매우 친한 친구사이에는

Ça va? (잘지내?) – **Oui, ça va.** (응. 좋아.)

라고 흔히 말하기도 한다.

③ 날씨의 표현

〈Il fait + 형용사.〉는 날씨를 말하는 표현이 된다.

 ↔

Il fait beau.
날씨가 좋다.

Il fait mauvais.
날씨가 나쁘다.

Il fait chaud.
날씨가 덥다.

↔

Il fait froid.
날씨가 춥다.

④ 헤어질때의 표현

Bonne journée! 즐거운 하루 보내세요!

Bonne soirée! 즐거운 저녁 시간 보내세요!

Bon week-end! 즐거운 주말 보내세요!

Bonnes vacances! 즐거운 휴가 보내세요!

Bon voyage! 즐거운 여행 되세요!

Au revoir. 잘가.

A bientôt. 다음에 보자.

A tout à l'heure. 이따 보자.

A ce soir. 오늘 저녁에 보자.

A demain. 내일보자.

A un de ces jours. 수일내 보자.

A la semaine prochaine. 다음주에 보자.

EXERCICES

다음 표현들을 읽어 보세요.

1 Bonjour, Elise.

2 Ça va bien?

3 Bonsoir, Julien.

4 Au revoir, mademoiselle.

5 Comment ça va?

6 Ça va bien, merci.

7 A tout à l'heure!

8 A bientôt.

9 A un de ces jours.

02
(deux)

Vous êtes coréenne?
국적 및 신분 묻고 답하기

19

- Bonjour, mademoiselle. Vous êtes coréenne?

- Oui, je suis coréenne.

- Est-ce que vous êtes étudiante?

- Non, je ne suis pas étudiante, je suis journaliste.

  Et vous, vous n'êtes pas français?

- Si, je suis français. Et je m'appelle Paul Gautier.

mots et expressions #20

vous : 당신, 자네들, 너희들 (2인칭 단, 복수에 다 쓰인다.)
vous êtes : 당신은 ~이다 (원형은 être 동사 – 영어의 be 동사)
étudiant, étudiante : 남학생, 여학생
coréen, coréenne : 남자 한국인의, 여자 한국인의
je : 나
Je suis : 나는 ~이다 (원형은 être 동사)
Est-ce que 주어 + 동사 ? : ~입니까? (의문문을 나타낸다.)

– 안녕하세요? 당신은 한국 사람입니까?

– 예, 저는 한국 사람입니다.

– 당신은 학생입니까?

– 아니오, 저는 학생이 아닙니다. 신문기자 입니다.

  그럼, 당신은 프랑스인이 아닙니까?

– 아닙니다, 프랑스인입니다. 제 이름은 뽈 고띠에입니다.

❶ mots et expressions #20

ne + 동사 + pas : ~이 아닙니다. (부정문을 나타낸다.)
non : 아닙니다, 아니. (부정의 대답)
journaliste : 신문기자
vous : 당신 (vous는 2인칭 단수와 복수의 강세형)
français, française : 프랑스 남자의, 프랑스 여자의
si : 아니오, 그렇습니다. (부정 의문에 대한 긍정의 대답)
je m'appelle ~ : 내 이름은 ~입니다. (원형은 s'appeler 동사)

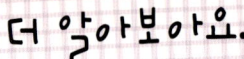

❶ 프랑스어 동사는 주어에 따라 다르게 변화하니 주의를 해야 한다. 불규칙으로 변화하는 동사들은 주어에 맞게 변화시켜 꼭 암기를 해야 한다.

➡ **부록** 프랑스어 동사&시제 흐름표 참조 P. 156

❷ Etre 동사

프랑스어에서도 영어의 be 동사처럼 「~이다」를 뜻하는 être 동사는 가장 기본적인 동사중 하나이다. 반드시 오늘 중으로 암기하자.

나는 **Je suis**	우리들은 **Nous sommes**
너는 **Tu es**	당신(들)은 **Vous êtes**
그는 **Il est**	그들은 **Ils sont**
그녀는 **Elle est**	그녀들은 **Elles sont**

❸ 의문문 만드는 법

1. 일상 회화인 구어체에서는 평서문의 문장 끝을 살짝 올려주면서 발음하면 의문문이 된다.

   Vous êtes coréenne. ↘ 당신은 한국인입니다.
   Vous êtes coréenne? ↗ 당신은 한국인입니까?

2. 문장 맨 앞에 무조건 Est-ce que를 붙이면 의문문이 된다. 구어체에서 많이 쓰는 표현이다. 한국인들이 표현하기에 가장 편리한 방법이라 할 수 있다. Est-ce que를 미리 말함으로써 상대방에게 질문을 할거라는 것을 미리 알리는데 좋기도 하며 또한 가장 예의있는 표현이기도 하다.

   Est-ce que vous êtes français? ↗ 당신은 프랑스 남자입니까?

3. 인칭 대명사 주어와 동사를 도치하면 된다.

주어가 인칭대명사인 경우에는 동사를 문장 앞에 두고, 도치된 주어 사이에 반드시 trait d'union(–)으로 연결 시켜주면 된다. 이를 단순 도치 의문문이라 한다.

Etes-vous française? 당신은 프랑스 여자입니까?

문자가 대문자가 될 경우에는 알파벳 위에 찍어 주는 악썽 기호를 표기 안해도 된다.
êtes → Etes

4. 위에서 처럼 주어가 인칭 대명사가 아니라 명사일 경우에는 먼저 주어인 명사를 문장 앞에 그대로 두고, 그 명사를 대명사로 받아 동사 뒤에 trait d'union(–)으로 연결 시켜주면 된다. 이를 복합 도치 의문문이라 한다.

Marie est française. 마리는 프랑스 여자입니다.
→ **Marie est-elle française?** ╱ 마리는 프랑스 여자입니까?

Yuki est japonais. 유끼는 일본 남자입니다.
→ **Yuki est-il japonais?** ╱ 유끼는 일본 남자입니까?

복합 도치 의문문은 회화체에서는 거의 안쓰고 문어체에서만 쓴다는 것에 주의를 해야 한다.

④ 부정문 만드는 법

부정문을 만들 때는 무조건 주어 다음에 ne를 쓰고 동사 바로 뒤에 pas를 쓰면 된다. ne는 뒤에 모음이 올 경우에는 반드시 모음 축약을 해야 한다.

Je ne suis pas chinoise. 나는 중국 여자가 아닙니다.

Elle n'est pas coréenne. 그녀는 한국 여자가 아닙니다.

5 의문문에 대한 대답법 : Oui, Non, Si

1. 긍정 의문문에 대답할 때 : Oui 또는 Non

Vous êtes français?

– Oui, je suis français.
– Non, je ne suis pas français.

2. 부정 의문문에 대답할 때 : Si 또는 Non

Vous n'êtes pas journaliste?

– Si, je suis journaliste.
– Non, je ne suis pas journaliste.

6 명사의 성

프랑스어의 모든 명사는 문법상의 규칙에 따라 남성 명사와 여성 명사로 분류된다.

〈남성〉 garçon 소년　　　livre 책　　　soleil 태양

〈여성〉 fille 소녀　　　table 책상　　　lune 달

사람을 지칭하는데 쓰이는 신분, 국적 등을 나타내는 명사는 일반적으로 남성형 끝에 e를 붙이면 여성형이 된다. n으로 끝나는 명사는 보통 n을 하나 더 붙이고 e를 붙인다.

étudiant → étudiante 대학생   employé → employée 회사원
Coréen → Coréenne 한국인   musicien → musicienne 음악가

단, 원래 e로 끝나는 명사의 여성형은 변화가 없다.

peintre → peintre 화가   botaniste → botaniste 식물학자

예외적으로 불규칙하게 변하는 것도 있다.

acteur → actrice 배우   chanteur → chanteuse 가수

 ## 명사의 수

명사의 복수형은 영어에서 처럼 보통 단수형 뒤에 s를 붙이면 된다. 단, 복수일때 붙이는 s는 절대로 발음이 되지 않는다.

étudiant → étudiants   pianiste → pianistes

EXERCICES

1. 다음 명사를 복수형으로 써보세요.

1 étudiant

2 frère 오빠, 형

3 journaliste

4 chaise 의자

5 Coréenne

6 porte 문

7 fenêtre 창문

8 étagère 선반

9 fille

10 réfrigérateur 냉장고

2. 다음 문장을 의문문으로 바꾸세요. (Est-ce que를 써서)

1. Vous êtes chanteuse.

2. Vous êtes étudiante.

3. Vous êtes botaniste.

4. Vous êtes Française.

5. Vous êtes actrice.

3. 다음 문장을 부정문으로 써보세요.

1. Elle est Coréenne.

2. Je suis Français.

3. Ça va bien.

4. Il fait froid.

5. Vous allez bien.

6. Tu es Japonais.

■ ■ **4.** 다음 문장의 주어가 여성이라면 명사가 어떻게 변할까요?

　　1 Je suis Coréen.

　　2 Vous êtes acteur.

　　3 Je suis Français.

　　4 Vous êtes journaliste.

　　5 Je suis chanteur.

■ ■ **5.** 다음 질문에 긍정과 부정, 두가지로 답해 보세요.

　　1 Vous êtes étudiante?

　　2 Vous n'êtes pas étudiante?

　　3 Etes-vous cuisinier? 요리사

　　4 Est-ce que vous n'êtes pas Coréenne?

　　5 Je suis professeur? 교수

Un rendez-vous
만날 약속하기

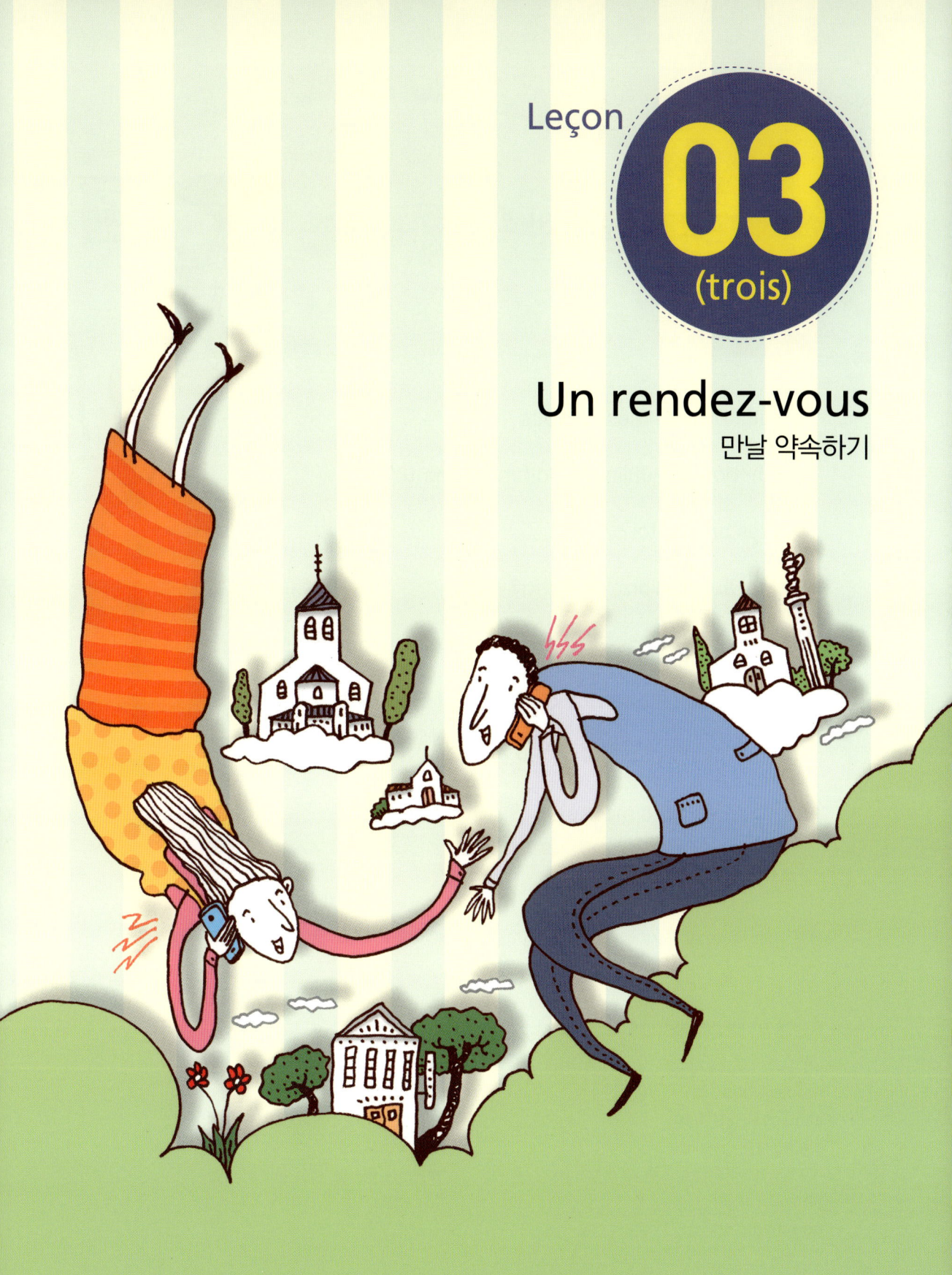

프랑스어로 말해 보아요.

 #21

- Allô! Pierre? C'est Juliette.

- Ah, bonjour, Juliette. Comment vas-tu?

- Très bien et toi?

- Moi aussi. Alors, où es-tu?

- A l'hôtel Grands-Hommes, dans le 5e arrondissement.

- Comment est-ce que c'est? C'est bien?

- Oui, c'est petit, mais c'est bien.

- Tu dînes avec moi ce soir?

- Ah! D'accord. Merci.

⚜ mots et expressions #22

un : 부정관사 남성 단수형
rendez-vous : 약속
allô : 여보세요 (전화에서)
c'est : 여기는 ~입니다.
(지시대명사 ce는 전화에서 자신을 밝힐때 je 대신 쓴다.)
ah : 아
comment : 어떻게

moi : 나 (1인칭 단수의 강세형)
aussi : 역시
alors : 그런데, 그래서, 그리고
où : 어디에
es : être 동사의 2인칭 단수형
à + 장소 : ~에

– 여보세요, 삐에르니? 쥘리엣이야.

– 아, 안녕, 쥘리엣. 어떻게 지내니?

– 매우 잘지내고 있어. 그런데 너는?

– 나 역시. 그런데, 너 어디니?

– 빠리 5구에 있는 그랑좀 호텔에.

– 거기는 어떠니? 좋아?

– 응, 작지만 좋아.

– 오늘밤 나랑 저녁먹을래?

– 아, 좋아. 고마워.

❶ mots et expressions   #22

le : 정관사 남성 단수형

hôtel : 호텔

dans + 장소 : ~ 안에

le 5ᵉ : 5구 (빠리의)

   – 5ᵉ은 cinquième(다섯번째)의 약자.

arrondissement : 구 (행정 구역의)

bien : 좋은, 잘

petit, petite : 작은, 귀여운

mais : 그러나

dînes : 저녁 식사하다 (1군 동사 dîner의 2인칭 단수형)

avec : ~와 함께

ce : 이, 저, 그 (남성 단수 앞에서 쓰이는 지시 형용사)

soir : 밤, 저녁 (ce soir 오늘 저녁)

d'accord : 좋다, 찬성이다

43

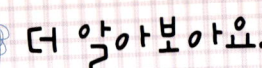

더 알아보아요.

1 être 「~이다, 있다」의 직설법 현재 변화 복습

		단수	복수
1인칭		je suis	nous sommes
2인칭		tu es	vous êtes
3인칭	남성	il est	ils sont
	여성	elle est	elles sont

● 주격 인칭대명사

je 나	nous 우리들
tu 너	vous 당신(들), 너희들
il 그	ils 그들
elle 그녀	elles 그녀들

a. 직설법은 있는 그대로의 행위나 상태를 나타낸다.

b. vous와 tu의 사용법

주격 인칭대명사 Tu는 가족이나 잘 알고 지내는 친한 사이에 쓰인다.

vous는 2인칭 복수형으로 「너희들, 당신들」이지만, 단수를 나타낼때는 존칭이나 극히 일반적인 관계의 사람, 또는 그렇게 친하지 않은 사람에게 말할 때 쓰인다.

2 moi aussi 「나 역시」

moi aussi에서의 moi와, Et toi에서의 toi는 인칭대명사 강세형 이라고 불리우며, 독립해서 명사적으로 쓰이기도 한다.

Moi aussi. 나 역시.

Toi aussi. 너 역시.

Et toi? 그런데, 너는?

③💬 의문사 où

où는 「어디에, 어디로」를 나타내는 의문사로서 《Où est ~?》(주어가 단수), 《Où sont ~?》(주어가 복수)의 형식으로 특히 잘 쓰여진다.

Où est Marie? 마리는 어디에 있습니까?

Où sont les toilettes? 화장실은 어디에 있습니까?

Où est-il? 그는 어디에 있습니까?
(= Il est où? 회화체에서는 의문사가 문장 맨끝에 위치해도 된다.)

④💬 형용사의 성과 수

프랑스어의 형용사는 수식할 명사·대명사의 성·수에 따라 변한다. 원칙적으로, 남성형 형용사의 끝에 -e를 붙이면 여성형이 되고, 단수형 형용사의 끝에 -s를 붙이면 복수형이 된다. 복수일때 붙이는 s는 절대로 발음이 되지 않는다.

「작은」 petit	남성단수	petit	남성복수	petits
	여성단수	petite	여성복수	petites

Elle est petite. 그녀는 작다.

Elles sont grandes. 그녀들은 크다.

Ils sont petits. 그들은 작다.

45

5 **지시형용사**

「이, 저, 그, 이들, 그것들」 등을 가리키는 지시형용사는 명사의 성·수에 따라서 다음과 같이 변화한다.

	단수	복수
남성	ce (cet)	ces
여성	cette	

ce는 앞글자가 모음 또는 무음 h로 시작되는 남성 단수 명사의 앞에서는 cet로 변한다. 이는 모음과 모음이 만나는 것을 피하기 위해서이다.

ce studio 이 원룸

cet appartement 이 아파트

cette maison 이 집

ces immeubles 이 건물들

6 -er 동사 (제1군 규칙동사)의 직설법 현재

dîner와 같이 동사 원형(부정법)이 -er의 어미를 갖는 동사는 프랑스어 동사의 약 90%를 차지하고 있으며, 몇 동사의 예외적인 경우를 제외하고는 모두 규칙적인 활용 형태를 갖는다. 즉, 동사 원형에서 -er를 떼어 버리고 주어에 따라 다음과 같이 규칙 활용한다.

Je	e 묵음	Nous	ons 옹
Tu	es 묵음	Vous	ez 에
Il	e 묵음	Ils	ent 묵음
Elle	e 묵음	Elles	ent 묵음

Nous와 Vous를 제외하고는 모두 어미가 묵음 [−으]로 발음된다.

예 : regarder 바라보다	
Je regarde	Nous regardons
Tu regardes	Vous regardez
Il regarde	Ils regardent
Elle regarde	Elles regardent

Il과 Elle, Ils과 Elles은 각각 항상 발음과 동사 변화가 똑같다.

7 aller 동사 변화

aller 동사는 원형의 어미가 -er로 끝났지만 1군 규칙 동사가 아니고 예외적으로 3군 불규칙 동사이다.

aller (장소와 함께 쓰여서)가다, (일이나 건강 상태가) ~하다, 진척되다	
Je vais	Nous allons
Tu vas	Vous allez
Il va	Ils vont
Elle va	Elles vont

Vous allez bien? 잘 지내세요?

Ça va? 잘 지내?

Je vais à l'hôtel. 나는 호텔에 간다.

Elle va à Paris. 그녀는 빠리에 간다.

❽ 숫자 (1~10)

	기수	서수
1	un, une	premier (première)
2	deux	deuxième (= second, seconde)
3	trois	troisième
4	quatre	quatrième
5	cinq	cinquième
6	six	sixième
7	sept	septième
8	huit	huitième
9	neuf	neuvième
10	dix	dixième

▶ 11 이후의 숫자는 부록 참조 P. 152

EXERCICES

■ ■ 1. ( ) 안에 être 동사 변화를 주어에 맞게 변화시켜 보세요.

1 Je ( ) secrétaire. 저는 비서입니다.

2 Elle ( ) étudiante. 그녀는 학생입니다.

3 Vous ( ) parisienne. 당신은 빠리 여자입니다.

4 Ils ( ) canadiens. 그들은 카나다인들 입니다.

5 Il ( ) médecin. 그는 의사입니다.

6 Nous ( ) lycéens. 우리들은 고등학생들 입니다.

■ ■ 2. 다음 ( ) 안에 있는 1군 동사들을 각각의 인칭에 따라 현재로 변화시켜 보세요.

1 Vous ne (parler) pas anglais? - Si, je (parler) anglais.
당신은 영어를 말할 줄 모르십니까? – 아니오, 나는 영어를 말할 줄 압니다.

2 Est-ce qu'elles (écouter) la radio? - Non, elles n'(écouter) pas la radio,
elles (regarder) la télévision.
그녀들은 라디오를 듣고 있습니까? – 아니오, 그녀들은 라디오를 듣고 있지 않습니다. 그녀들은 TV
를 보고 있습니다.

3 Est-ce que vous (parler) à Pierre? - Oui, je (parler) à Pierre.

당신은 삐에르에게 말하고 있습니까? – 예, 저는 삐에르에게 말하고 있습니다.

4 Tu (travailler) ici? - Oui, je (travailler) ici.

너는 여기서 일하니? – 예, 저는 여기서 일하고 있습니다.

5 (Habiter)-vous à Lyon? - Non, nous n'(habiter) pas à Lyon.

당신들은 리용에 살고 있습니까? – 아니오, 우리는 리용에 살고 있지 않습니다.

6 Tu n'(aimer) pas le chocolat? - Si, j'(aimer) beaucoup ça.

너는 초콜릿을 좋아하지 않니? – 아니오, 나는 그것을 매우 좋아합니다.

7 Vous (fumer)? - Non, je ne (fumer) pas.

당신은 담배를 피웁니까? –아니오, 나는 담배를 피우지 않습니다.

3. (   )에 알맞은 지시형용사를 쓰세요.

1 (   ) étudiant   (   ) étudiante

2 (   ) chaises   (   ) porte

3 (   ) étudiants   (   ) garçon

4 (   ) fille   (   ) étudiantes

5 (   ) appartement   (   ) immeubles

J'aime le vélo
좋아하는 것 말하기

프랑스어로 말해 보아요.

#23

- Qu'est-ce que tu aimes? La moto ou le vélo?

- Le vélo, pardi!

- Pourquoi?

- Parce que c'est plus sportif que la moto.

- Oui, peut-être, mais la moto, c'est plus rapide.

- Moi, je n'aime pas la moto, c'est cher et dangereux!

🇫🇷 mots et expressions   #24

aimes : ∼을 좋아하다 (aimer 동사)

le vélo : 자전거

Qu'est-ce que 주어 + 동사 ? : 무엇을

(단순형은 Que 동사–주어?)

la moto : 오토바이

ou : 또는 (Où는 '어디에'라는 의문사)

pardi : 물론 (= bien sûr, 이 상황에서는 tiens도 가능)

pourquoi : 왜 (답은 parce que ∼를 주로 쓴다.)

parce que : 왜냐하면 ∼이기 때문이다

– 너는 뭐가 좋아? 오토바이, 아니면 자전거?

– 자전거지, 물론!

– 왜?

– 오토바이보다 더 운동이 되기 때문이지.

– 그래, 아마도. 그렇지만 오토바이가 더 빠르잖아.

– 나, 나는 오토바이를 좋아하지 않아. 그것은 비싸고 위험해.

◑ mots et expressions # 24

plus : 더, 보다 많이 ↔ moins 덜, 보다 덜
sportif, sportive : 운동의, 경기의
que : ～보다 (비교의 구문에서)
peut-être : 아마
rapide : 빠른 ↔ lent 느린

aimer : 좋아하다, 사랑하다 ↔ détester 싫어하다
cher, chère : 비싼 ↔ bon marché 값싼
dangereux, dangereuse : 위험한

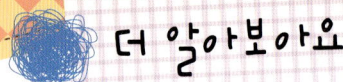
더 알아보아요.

❶ Qu'est-ce que 주어 + 동사? 「무엇을 ~합니까」

「무엇을~?」이라고 물을 때는 의문대명사 qu'est-ce que나 que를 사용한다. que일 때는 주어와
동사를 바꾸어 놓는다.

Qu'est-ce que vous cherchez? (회화체) 무엇을 찾고 있습니까?
= **Que cherchez-vous?** (문어체적 표현)
= **Vous cherchez quoi?**
　(Que는 문장 끝에 갈때에는 강세형 quoi로 바뀐다. 하지만 이런 표현은 예의바른 표현이 아니다.)

❷ 정관사

정관사는 관계하는 명사의 성·수에 따라 다음과 같이 변한다.

	단수	복수
남성	le (l')	les
여성	la (l')	

le vase 꽃병

les vases

la fleur 꽃

les fleurs

* 정관사 le, la는 단어 첫글자가 모음 또는 무음 h로 시작되는 명사의 앞에서는 l'로 모음 축약 (élision)이 된다.

l'hôtel (m.) 호텔　　　　　　**l'école** (f.) 학교　　　　　　**l'étagère** (f.) 선반

● 정관사는 다음의 경우에 쓰인다.

a. 누구나 이미 다 알고 있는 것을 지칭한다.

Marie est à la maison. 마리는 집에 있다.

b. 앞에서 한번 나온 명사를 다시 지칭하거나 뒤에서 한정시켜주는 표현이 있을때 쓰인다.

Voilà un lit. C'est le lit de Paul.
저기에 침대가 하나 있다. 그것은 뽈의 침대이다. (de는 영어의 of)　　　**Voilà** 저기에 ~이 있다

c. 이 세상에 단 하나밖에 없는 유일한 것을 나타내는 명사 앞에 쓴다.

le soleil 태양　　　　　　**la lune** 달
la Seine 쎄느 강　　　　　　**la Tour Eiffel** 에펠탑

d. 정관사는 의미상 전체를 대표하는 표현의 명사 앞에서 쓰인다.

J'aime la musique classique. 나는 클래식 음악을 좋아한다.
Je déteste le café. 나는 커피를 싫어한다.

❸ 의문부사 pourquoi

pourquoi는 「왜」를 나타내는 의문사로서, 그 대답으로는 parce que 「왜냐하면」라는 표현을 쓴다.

Pourquoi tu n'aimes pas Sophie? (회화체 표현)
너는 왜 소피를 좋아하지 않니?

– Parce qu'elle n'est pas sympa(thique).
– 왜냐하면 그녀가 마음에 들지 않기 때문이야.

④ 형용사 · 부사의 비교급

형용사 · 부사 앞에 plus, aussi, moins을 쓰면 비교급이 된다.
비교급 표현에는 다음과 같이 세 가지가 있다.

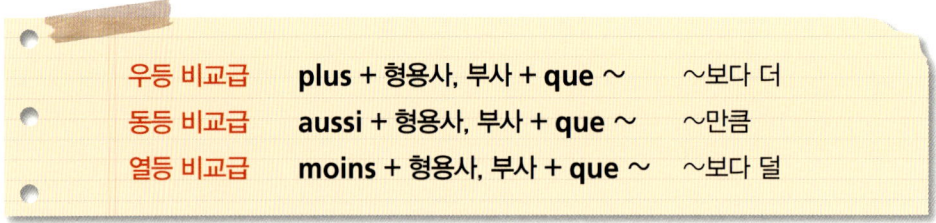

우등 비교급	**plus** + 형용사, 부사 + **que** ~	~보다 더
동등 비교급	**aussi** + 형용사, 부사 + **que** ~	~만큼
열등 비교급	**moins** + 형용사, 부사 + **que** ~	~보다 덜

Pierre est plus grand que Marie.
삐에르는 마리보다 더 크다.

Jacques est aussi grand que Marie.
작끄는 마리만큼 크다.

Paul est moins grand que Marie.
뽈은 마리보다 덜 크다.

Juliette marche plus vite que Marie.
쥘리엣은 마리보다 더 빨리 걷는다.

Paulette marche aussi vite que Marie.
뽈레뜨는 마리만큼 빨리 걷는다.

Hélène marche moins vite que Marie.
엘렌은 마리보다 덜 빨리 걷는다.

EXERCICES

■ ■ **1.** 번역을 보면서 ( ) 안에 알맞은 비교급 표현으로 써보세요.

1 L'avion est (rapide) que le TGV. 비행기는 TGV 보다 더 빠르다.

2 Le bus roule (vite) que le métro. 버스는 지하철 보다 덜 빠르게 달린다.

3 Marie est (jeune) que Catherine. 마리는 까뜨린만큼 젊다.

4 La Seine est (longue) que la Loire. 쎄느 강은 르와르 강보다 덜 길다.

■ ■ **2.** 밑줄 부분에 적당한 정관사를 넣으세요.

1 ___ affiche (f. 포스터)

2 ___ voiture (f. 자동차)

3 ___ carte (f. 지도)

4 ___ villes (f. 도시)

5 ___ studio

6 ___ appartement

7 ___ maison

8 ___ lune

9 ___ hôtels

10 ___ avion (m. 비행기)

11 ___ auto (f. 자동차) **12** ___ soleil

13 ___ camion (m. 트럭) **14** ___ hommes

3. 문법과 뜻에 맞게 ( ) 부분에 qu'est-ce que, que, quoi, où, pourquoi 중 알맞은 의문사를 넣어 보세요.

1 너는 왜 울고 있니? ( ) pleures-tu?

2 당신은 어디에 살고 있습니까? ( ) habitez-vous?

3 당신은 무엇을 보고 있습니까? ( ) regardez-vous?

4 너는 무엇을 찾고 있니? ( ) tu cherches?

5 너는 무엇을 보고 있니? **Tu regardes ( )?**
– 아주 친한 사이에서만 쓸 수 있다.

Leçon

05

(cinq)

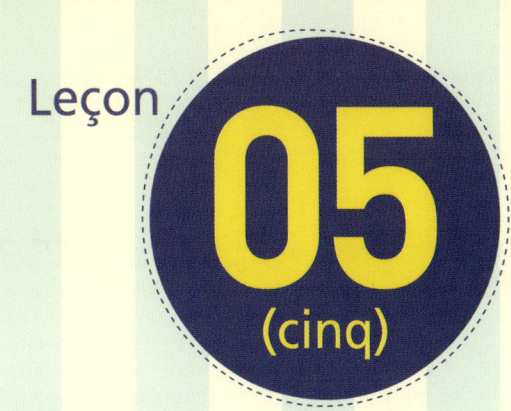

A la terrasse d'un café

주문하기

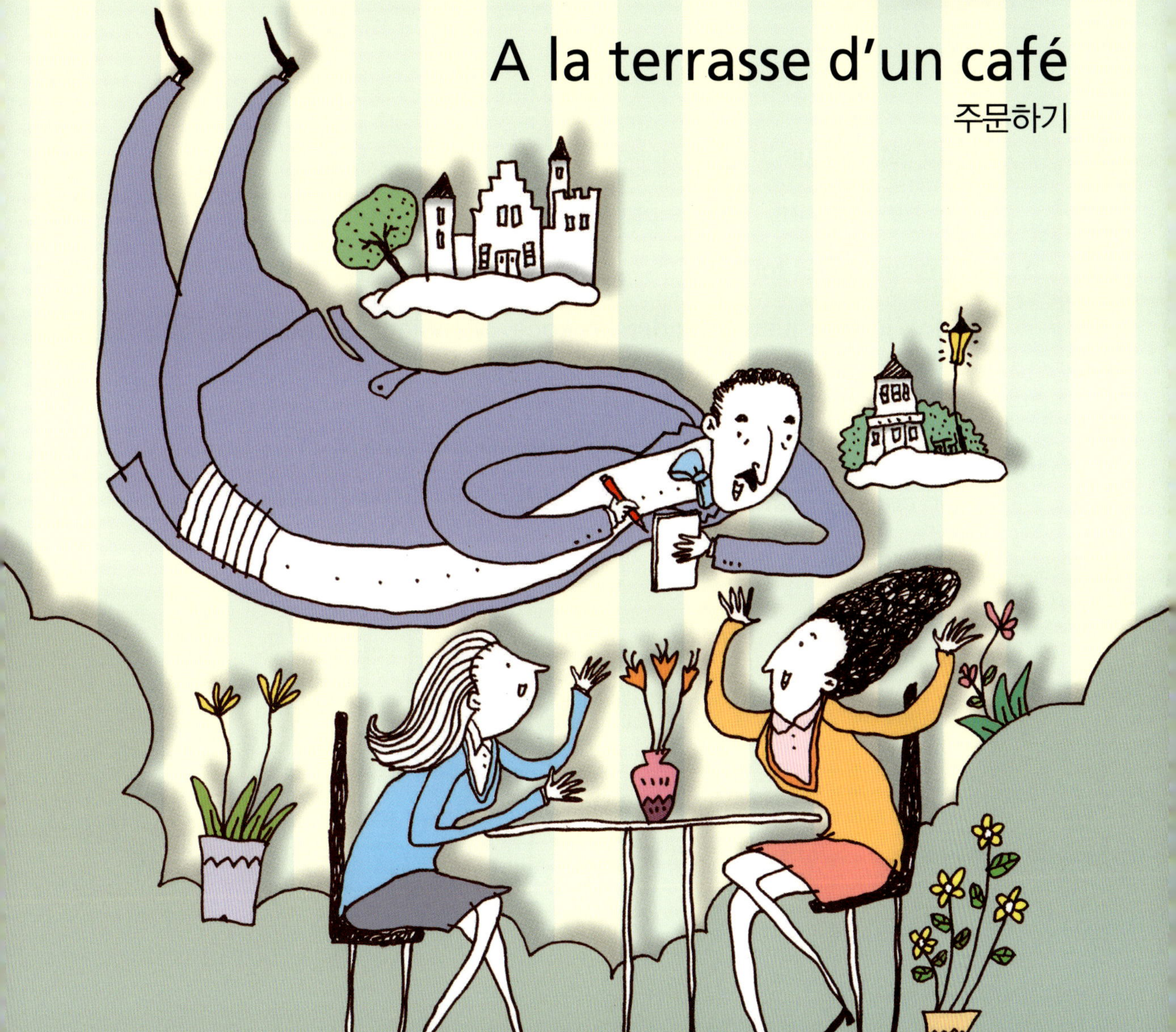

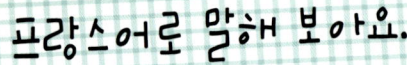

프랑스어로 말해 보아요.

25

- Qu'est-ce que tu veux boire?

- Je ne sais pas. Je vais prendre un café crème avec des croissants. Et toi?

- Moi, je vais juste prendre un coca. Monsieur, s'il vous plaît!

- Oui, mesdemoiselles. qu'est-ce que vous voulez?

- Un coca, un café crème et deux croissants, s'il vous plaît.

- Oui, tout de suite.

mots et expressions # 26

la terrasse : 테라스

le café : 커피, 까페

veux : 원하다, ～하고 싶다 (vouloir 동사)

boire : 마시다

sais : 알다 (savoir 동사)

aller + 동사 원형 : 곧 ～할 것이다 (근접미래 – 가까운 미래)

– 너는 무엇을 마시고 싶니?

– 모르겠지만 크롸쌍 몇개하고 밀크 커피를 마실려고 해. 그런데 너는?

– 나는 그냥 콜라만 마실려고. 여기요!

– 예, 뭘로 하시겠습니까?

– 콜라, 밀크 커피 그리고 크롸쌍 2개만 부탁합니다.

– 알겠습니다. 즉시 가져오겠습니다.

mots et expressions #26

prendre : (음식물 등을)먹다, 마시다
le café crème : 밀크 커피
avec : ~와 함께
le croissant : 크롸쌍 빵
juste : ~만, 때마침, 바로
le coca : 콜라
s'il vous plaît : 실례합니다, 부탁합니다,
　여기요! 죄송합니다 (= 영어의 please)

mesdemoiselles : mademoiselle의 복수형
　(mesdames, messieurs)
voulez : vouloir (원하다) 동사 – Je veux, Tu veux,
　Il veut, Nous voulons, Vous voulez, Ils veulent
tout de suite : 즉시

 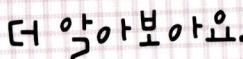

① 부정관사와 부분관사

부정관사는 관계하는 명사의 성과 수에 따라 변한다.

	단수	복수
남성	un	des
여성	une	

un ordinateur 컴퓨터

des ordinateurs

une cravate 넥타이

des cravates

● 부정관사는 다음의 경우에 쓴다.

a. 처음 거론되는 것으로 잘알지 못하여 「어떤...」이라고, 아직 특정되어 있지 않은 사람이나 물건을 가리킨다.

b. 「하나의...」, 「몇몇의...」 라는 수를 나타낸다.

또, 관사에는 명사의 성을 구별하는 기능이 있기 때문에 새로운 명사를 배울때 마다 관사를 붙여서 암기하는 것이 좋다. 이렇게 하면 성의 구별도 함께 외워지고 효과적이다. 발음상 정관사를 붙여 암기하는 것이 좋다.

- 프랑스어에는 정관사와 부정관사 이외에도 셀 수 없는, 또는 세지 않고 사용하는 것이 보통인 물질명사나 추상명사 앞에 사용해서 전체량의 일부를 나타내는 부분관사가 있는데, 성에 따라 남성 앞에는 du, 여성 앞에는 de la를 써준다. 단, 단어의 첫글자가 모음 또는 무음 h로 시작되는 명사 앞에서는 모음 축약을 먼저해서 de l'로 된다. 세지 않고서 사용하여 수의 의미가 없어진 명사들 앞에는 des를 쓴다.

du café 커피	**de l'huile** 식용유
de la bière 맥주	**de l'eau** 물
du courage 용기	**de la patience** 인내력
des légumes 야채	**des frites** 튀긴 감자

또, 커피, 맥주 등의 물질명사도 찻잔이나 병등의 용기에 들어 있어 수적으로 취급되면 부정관사가 붙을 수 있다.

un café 커피 한잔	**une bière** 맥주 한병

❷ 〈가까운 미래〉를 나타내는 〈aller + 동사 원형〉 – 근접미래

aller는 원래 「가다」라는 뜻이지만, 그 본래의 의미를 잃고 준조동사(바로 뒤에 동사원형을 이끌어 줄 수 있는 동사) 로서의 역할을 할 때가 있다. 「곧~할 것이다」라는 근접미래의 뜻을 나타내는 이 용법은, 특히 회화체에서 단순미래 대신에 빈번히 쓰인다.

Je vais partir pour la France. 나는 곧 프랑스로 출발할 것이다.
Vous allez arriver tout de suite? 바로 도착 하실건가요?

또한, venir도 「오다」라고 하는 뜻을 갖는 것 이외에도 준조동사로도 쓰이는데, venir de + 동사원형 「지금 막 ~했다」는 〈가까운 과거 – 근접과거〉를 나타낸다. 회화체에서 주로 쓰인다.

Elle vient d'arriver à Séoul. 그녀는 지금 막 서울에 도착했다.
Je viens de partir pour la France. 나는 지금 막 프랑스로 떠났다.

➌ aller (가다) 동사의 직설법 현재 복습

je vais	nous allons
tu vas	vous allez
il va	ils vont

➍ venir (오다) 동사의 직설법 현재 변화

je viens	nous venons
tu viens	vous venez
il vient	ils viennent

➎ vouloir (원하다) 동사의 직설법 현재

－ 뒤에 동사원형이나 명사가 온다.

je veux	nous voulons
tu veux	vous voulez
il veut	ils veulent

➏ savoir (알다) 동사의 직설법 현재

je sais	nous savons
tu sais	vous savez
il sait	ils savent

표현 연습

+ s'il vous plaît

「부탁합니다」라는 뜻으로 뭔가 사람에게 부탁할 때, 길을 물을 때, 또는 물건을 살때 등에서 긴요하게 쓸 수 있는 편리한 회화 표현이다.

Un billet pour Nantes, s'il vous plaît. 낭뜨행 표 한 장 주십시오.

Un café, s'il vous plaît. 커피 한잔 부탁합니다.

Un carnet, s'il vous plaît. 표 10장 부탁합니다.

EXERCICES

■■ **1.** 밑줄 부분에 적당한 부정관사를 넣으세요.

1 ___ valise (f. 여행 가방)   **2** ___ animal

3 ___ cadeau (m. 선물)   **4** ___ fleurs

5 ___ pomme (f. 사과)   **6** ___ fruits

7 ___ sac (m. 가방)   **8** ___ enfants (n. 아이)

9 ___ amies   **10** ___ orange (f. 오렌지)

11 ___ jus (m. 주스)   **12** ___ mouton (m. 양)

■■ **2.** 밑줄 부분에 적당한 부분관사를 넣으세요.

1 ___ lait (m. 우유)   **2** ___ pain (m. 빵)

3 ___ vin (m. 포도주)   **4** ___ viande (f. 고기)

5	___ eau (f. 물)	6	___ thé (m. 차)
7	___ argent (m. 돈)	8	___ sel (m. 소금)
9	___ huile	10	___ courage
11	___ patience	12	___ esprit (m. 정신)
13	___ légumes	14	___ pommes de terre (f. 감자)

■ ■ **3.** 다음 문장을 근접미래와 근접과거로 써보세요.

1 Je cherche Emma à la gare. 나는 역으로 엠마 마중간다.

2 Vous préparez la leçon 6? 당신은 6과를 준비하고 있습니까?

3 Nous arrivons à Paris. 우리는 빠리에 도착합니다.

06
(six)

Je vous présente mes amis

소개하기

프랑스어로 말해 보아요.

27

- Bonsoir, entrez donc.

- Bon anniversaire, Amélie. C'est un petit cadeau pour vous.

- Merci, allez au salon. Je vous présente mes amis. Christian, je te présente mon collègue monsieur Leclerc.

- Bonsoir, monsieur. Enchanté, madame.

- Bonsoir, monsieur. Je suis enchanté de faire votre connaissance.

- Je vous présente mon mari, Legrand.

- Bonsoir, monsieur.

♦ mots et expressions #28

l'anniversaire : m. 생일

le cadeau : 선물

pour : ~를 위해

entrez : 들어가다 (entrer 동사)

donc : 자, 어서 (명령법에서는 강조의 의미로 쓰인다.)

allez : 가다 (aller 동사)

au : ~에, ~로, ~에게 (전치사 à + 정관사 le의 단축형)

le salon : 응접실 (= le séjour)

vous : 당신들에게, 너희들에게 (동사 앞에 쓰이면 간접 목적 보어 대명사의 뜻을 갖는다.)

présente : présenter 소개하다

우리말로 어떻게 할까요?

– 안녕하세요? 어서 들어오세요.

– 생일 축하드립니다, 아멜리. 이것은 당신을 위한 작은 선물입니다.

– 고맙습니다. 응접실로 가시죠. 당신에게 제 친구들을 소개하겠습니다.

  크리스띠앙, 나의 직장 동료인 르끌렉 씨야.

– 안녕하세요. 선생님. 처음 뵙겠습니다, 마담.

– 안녕하세요. 알게 되어 대단히 기쁩니다.

– 제 남편인 르그랑을 소개드립니다.

– 안녕하세요. 선생님.

🇫🇷 mots et expressions #28

mes : 나의 (복수)

ami(e) : 친구

te : 너에게 (동사 앞에 쓰이면 간접 목적 보어 대명사의 뜻을 갖는다.)

mon : 나의

le collègue : n. 직장 동료

enchanté : 만나서 반갑다. (~de) ~에 대해 기쁘다

faire : 하다, 만들다

votre : 당신의

la connaissance : 알기, 교제, 사귐

le mari : 남편 ↔ la femme 부인

 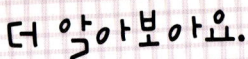

❶ 명령법

명령법은 주어를 없애고 동사로만 말하면 되는데, 주의할 점은 2인칭 단수 Tu에서만 동사 변화의 끝이 -es나 -as로 끝날 경우에는 꼭 s를 탈락시켜야 한다는 것이다.

Mange de la salade! (← Tu manges) 샐러드를 먹어라!
Mangeons du pain! (← Nous mangeons) 빵을 먹자!
Mangez des légumes! (← Vous mangez) 야채를 드세요!

Nous나 Vous일 때에는 절대로 -s를 탈락시키면 안된다.

Vous faites du sport. (→ Faites du sport!) 운동하세요!
Vous dites la vérité. (→ Dites la vérité!) 진실을 말하세요!

❷ 간접 목적 보어 대명사 (~에게)

「~에게」를 뜻하는 간접 목적이 되는 인칭 대명사에는 다음과 같은 종류가 있다.

> 주어 + me [te lui lui nous vous leur leur] + 동사
> 주어 + 나에게 [너에게 그에게 그녀에게 우리들에게 당신(들)에게 그들에게 그녀들에게] + 동사

* me, te는 모음 또는 무음 h 앞에서는 m', t'로 모음 축약 된다.

1. 긍정 명령문의 경우를 제외하고는 항상 동사 앞에 놓인다.

   Tu me téléphones ce soir? 오늘밤 나에게 전화할거니?
   – Oui, je te téléphone vers huit heures. 응, 너에게 8시경에 전화할께.

2. 긍정 명령문의 경우는 명령법 동사의 바로 뒤에 trait d'union(–)을 써서 이어 준다 (또한, 이때 me는 강세형 moi로, te도 강세형 toi의 형태로 바꾼다. 다른 것은 그대로 써주면 된다.)

Passez-moi le sucre, s'il vous plaît. 설탕을 보내 주십시오.

Parle-lui de Paris. 그(그녀)에게 빠리에 대해서 이야기 해줘.

❸ 소유 형용사

「나의, 너의, 그의, 그녀의...」 등을 나타내는 소유 형용사는 그 소유자의 인칭과 수, 피소유물인 명사의 성과 수에 따라 다음과 같이 변한다.

소 유 자	소유되어지는 명사의 성 · 수		
	남성단수	여성단수	남 · 여성복수
나의	mon	ma (mon)	mes
너의	ton	ta (ton)	tes
그의 · 그녀의	son	sa (son)	ses
우리들의	notre		nos
당신의 · 당신들의	votre		vos
그들의 · 그녀들의	leur		leurs

mon père
나의 아버지

ma mère
나의 어머니

mes parents 나의 부모들

나

mes amies 나의 친구들

* 모음 또는 무음 h로 시작하는 여성 단수 명사 앞에는 발음상 ma, ta, sa를 쓰지 않고 남성형인 mon, ton, son을 쓴다.

mon école 나의 학교   **ton auto** 너의 차

son amie 그의(그녀의) 여자 친구

✚ Bon anniversaire!

「생일 축하합니다」라는 뜻이며, 생일을 축하할때 쓰인다.
Joyeux anniversaire!도 같은 표현이다.

✚ Je suis enchanté(e) de faire votre connaissance.

「만나뵙게 되어 기쁩니다, 처음 뵙겠습니다.」라는 뜻이며 간단히 Enchanté!라고도 한다. 흔히 여성들은 Très ravie de vous voir!라는 표현을 자주 쓰며, 남성은 더 간단하게 Très heureux!라고도 한다.

■ ■ **1.** 뜻에 맞게 소유 형용사를 넣으세요.

1 ___ voiture (나의 차)   **2** ___ vélo (나의 자전거)

3 ___ moto (너의 오토바이)   **4** ___ chambre (나의 방)

5 ___ parents (그들의 부모들)   **6** ___ mère (그의 어머니)

7 ___ école (나의 학교)   **8** ___ voisin (나의 이웃 사람)

9 ___ voisine (너의 이웃 사람)   **10** ___ cousine (당신의 여자 사촌)

11 ___ père (그녀의 아버지)   **12** ___ oncle (우리의 아저씨)

13 ___ amie (나의 여자 친구)   **14** ___ tante (당신의 이모)

■ ■ **2.** (   ) 안에 지시된 동사를 직설법 현재로 변화시키세요.

1 Nous (   ) du pain tous les matins. (manger)
우리는 매일 아침 빵을 먹습니다.

EXERCICES

2 (   )-vous danser avec moi? (vouloir) 저와 함께 춤을 추실래요?

3 Tu (   ) nager? (savoir) 너는 수영할 줄 아니?

■ ■ 3. (   ) 안의 동사를 뜻에 맞게 명령법으로 고쳐 쓰세요.

1 (Acheter) des légumes. 야채를 사세요.

2 (Aller) au café. 까페에 갑시다.

3 (Passer)-moi la fourchette. 그 포크를 나에게 건네줘.

4 (Ecouter) de la musique classique. 클래식 음악을 들으세요.

5 (Marcher) doucement. 천천히 걸어라.

6 (Parler) lentement. 천천히 말해주세요.

4. 밑줄친 부분을 간접 목적 보어 대명사 (me, te, lui, lui nous, vous, leur, leur)로 받아서 긍정 또는 부정으로 대답해 보세요.

1 Est-ce que tu téléphones souvent à tes parents?

너는 부모님들에 자주 전화하니?

2 Je donne la clé à Marie?

내가 이 열쇠를 마리에게 줄까?

3 Parlez-vous souvent à votre professeur?

당신은 선생님에게 자주 말을 합니까?

07
(sept)

A la poste
우체국에서

프랑스어로 말해 보아요.

#29

- Bonjour, madame. Cinq timbres à 1 euro 45, s'il vous plaît.

- Très bien, je vous donne ça tout de suite. C'est tout?

- Non, j'ai aussi un colis à envoyer.

- Oui, pour quelle destination?

- Pour la Corée et par avion.

- Oui, voilà. Cela vous fait 39 euros 20. Merci, au revoir,

  monsieur.

- Au revoir, madame.

♦ mots et expressions   #30

la poste : 우체국
  (요즘은 la Banque postale이라고도 한다.)
cinq : 5. 다섯의
euro : 유로
  (프랑스 화폐 단위 – 1 euro는 100 centimes)
le timbre : 우표
à ~ : 짜리 (un menu à 16 euros – 16유로 짜리 정식)
quarante-cinq : 45. 마흔 다섯의

donne : 주다 (donner 동사)
ça : 그것, 저것 (cela의 줄임말)
c'est tout : 그것이 모든 것이다. 그것 뿐이다 (의문문으
  로 쓰여서 더 필요한게 없냐는 표현으로도 자주 쓰인다.)
le colis : 소포 (= le paquet)
envoyer : 보내다
un colis à envoyer : 보낼 소포 (명사 à 동사 원형
  – ~해야 할 ~)

우리말로 어떻게 할까요?

– 안녕하세요? 1유로 45짜리 우표 5장 부탁합니다.

– 알겠습니다. 바로 드릴게요. 그게 다입니까?

– 아니오, 보낼 소포가 하나 또 있습니다.

– 예, 어디로 보내실건가요?

– 한국으로 항공편입니다.

– 예, 여기 있습니다. 39유로 20입니다. 감사합니다. 안녕히 가십시오.

– 안녕히 계세요.

🇫🇷 mots et expressions # 30

pour : ∼을 향해, ∼위하여
quel, quelle : 어떤 (의문 형용사)
la destination : 목적지, 보낼 곳
la Corée : 한국
par avion : 항공편으로
l'avion : m. 비행기

voilà : 저기에 ∼가 있다, 여기있습니다
cela : 그것
fait : (계산이, 가격이) ∼가 되다, ∼를 하다, 만들다
trente-neuf : 39, 서른 아홉의
vingt : 20, 이십의
au revoir : 잘가세요, 안녕히 계세요, 다음에 또 봐요

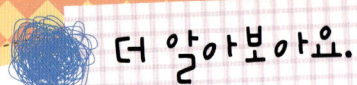
더 알아보아요.

① 의문 형용사 Quel, Quelle, Quels, Quelles

「어떤」 등의 성질·종류·수량을 나타내는 의문 형용사로서 관계하는 명사의 성·수에 일치하고 다음과 같이 변화를 한다. 단, 발음은 모두 동일하다.

남성단수	여성단수	남성복수	여성복수
quel	quelle	quels	quelles

● 의문형용사의 용법은 다음과 같다.

　a. 의문 형용사 + 무관사의 명사~? : 「어떤~입니까?」

　　Quel temps fait-il en France? 프랑스는 지금 어떤 날씨입니까? (= 날씨가 어떻습니까?)
　　– Il fait chaud. 덥습니다.

　b. 의문 형용사 + est(sont) + 명사? : 「~는 무엇입니까?」

　　Quelle est cette photo? 이 사진은 무엇입니까?
　　– C'est la photo de mes parents. 나의 부모님 사진입니다.

② avoir 「~를 갖다」 동사의 직설법 현재 변화

		단수	복수
1인칭		j'ai	nous avons
2인칭		tu as	vous avez
3인칭	남성	il a	ils ont
	여성	elle a	elles ont

❸ faire 「~을 하다, 만들다」동사의 직설법 현재

je fais	nous faisons
tu fais	vous faites
il fait	ils font

Nous faisons에서 faisons의 ai는 [ə] 발음인 것에 주의

EXERCICES

1 Tu (　　　) un vélo. 너는 자전거를 가지고 있다.

2 Elles (　　　) des billets. 그녀들은 표들을 가지고 있다.

3 Nous (　　　) les plans de Paris. 우리들은 빠리 안내도를 가지고 있다.

4 J'(　　　) un appareil photo. 나는 카메라를 가지고 있다.

5 Vous (　　　) un parapluie. 당신은 우산을 가지고 있다.

6 Il (　　　) mon portefeuille. 그가 내 지갑을 가지고 있다.

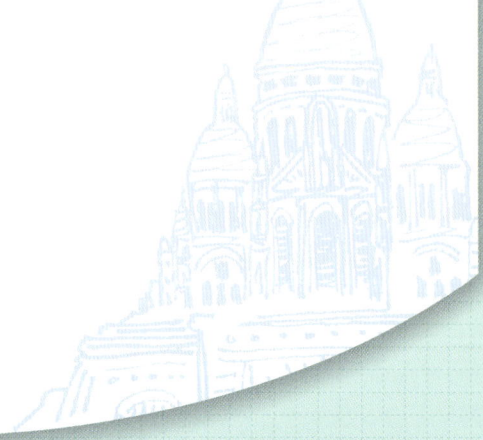

■ ■ **2.** ( ) 안에 적당한 의문형용사를 넣으세요.

1 ( ) temps fait-il? 날씨가 어떻습니까?

– Il fait chaud. 덥습니다.

2 ( ) est cette photo? 이 사진은 뭐죠?

– C'est la photo de ma famille. 제 가족 사진입니다.

3 ( ) saison aimez-vous? 어떤 계절을 좋아하세요?

– J'aime l'hiver. 저는 겨울을 좋아합니다.

4 ( ) sont ces arbres? 나무들은 무슨 나무들인가요?

– Ce sont des pommiers. 그것들은 사과 나무들입니다.

5 ( ) sports aimez-vous? 당신은 어떤 운동들을 좋아하십니까?

– J'aime la natation et le jogging. 저는 수영과 조깅을 좋아합니다.

빠리 북서쪽 라데팡스의 신 개선문

08
(huit)

Au supermarché
수퍼에서 물건 사기

프랑스어로 말해 보아요.

 #31

- Bonjour, madame. Vous désirez?

- Bonjour, monsieur. Je voudrais 3 biftecks bien tendres.

- Comme ça?

- Non, plus épais.

- Voilà, et avec ceci, madame?

- Vous me donnerez trois tranches de jambon, s'il vous
  plaît.

- Voici, ce sera tout?

- Oui, c'est tout pour aujourd'hui. Merci, à demain.

- Au revoir, madame.

○ mots et expressions #32

le supermarché : 수퍼
désirez : 원하다 (désirer 동사)
voudrais : 원하다 (vouloir 동사의 조건법 현재형 – 어조 완화의 표현으로 회화에서 빈번히 쓰인다.)
le bifteck : 비프스테이크(용의 고기)
tendre : 연한, 부드러운
Comme ça? : 이정도? 이렇게? (고기를 자르며 물어 보는 표현)
épais : 두꺼운 ↔ mince 얇은, 날씬한

우리말로 어떻게 할까요?

– 어서 오세요. 무엇을 드릴까요?

– 안녕하세요? 연한 비프스테이크용 고기로 3개 주세요

– 이 정도 두께면 되겠습니까? (이 정도로 자를까요?)

– 아니 조금 더 두껍게 잘라 주세요.

– 자, 여기 있습니다. 그리고 이것 말고 또 필요한 것이 있나요?

– 햄 3조각 주시면 좋겠는데요.

– 자, 여기 있습니다. 이게 다입니까?

– 예, 오늘은 그 정도면 됩니다. 고맙습니다, 내일 또 봐요.

– 안녕히 가세요.

mots et expressions #32

avec ceci : 이것하고
la tranche : 슬라이스 (햄을 자른 조각)
voici : 여기에 ~이 있다. 이것이 ~이다 (사람·물건을 제시·소개할 때 쓰이는 표현)
sera : être 동사의 3인칭 단수 단순 미래형
pour : ~을 향하여, ~을 위하여
aujourd'hui : 오늘
demain : 내일

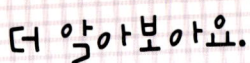 더 알아보아요.

① 직설법 단순미래

직설법 단순미래형의 활용 어미는 모든 동사에 공통이고, 다음과 같은 어미변화를 한다. 규칙적으로 변화하는 1, 2 군 동사들은 동사 원형에 다음 어미만 인칭에 따라 붙여주면 된다.

1군 규칙 동사 donner「주다」의 단순미래형	
je donnerai	nous donnerons
tu donneras	vous donnerez
il donnera	ils donneront

직설법 단순 미래의 어미 변화			
Je .... ai		Nous .... ons	
Tu .... as		Vous .... ez	
Il .... a		Ils .... ont	

Nous와 Vous는 1군 동사 어미와 같으나 현재는 -er를 떼고 어미를 붙인다는 것에 주의를 해야 한다.

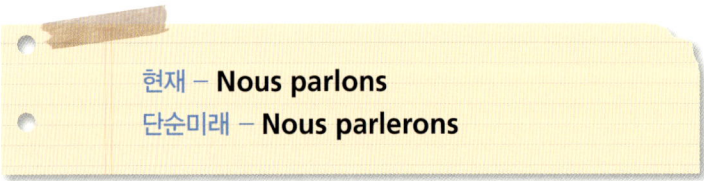

현재 – **Nous parlons**
단순미래 – **Nous parlerons**

＊ 다음과 같은 동사들은 불규칙으로서 특별한 어간을 취한다.

être : je serai, tu seras, il sera ~

avoir : j'aurai, tu auras, il aura ~

aller : j'irai, tu iras, il ira ~

faire : je ferai, tu feras, il fera ~ 등

단순 미래 어미 앞에는 항상 모든 인칭에서 r가 있어야 한다.

Je finirai (finir 끝내다)

Je verrai (voir 보다)

Tu prendras (prendre 잡다, 들다)

Il viendra (venir 오다) 등

② 단순미래의 용법

1. 미래에 실현될 일을 나타낸다.

Un jour, je visiterai la France.
언젠가 나는 프랑스를 방문할 것이다.

2. 2인칭에서 단순 미래를 쓰면 회화체에서 부드러운 명령·권고를 나타낸다.

Vous prendrez la première rue à droite.
오른쪽 첫 번째 길을 택해서 가세요.

Vous m'apporterez le menu.
메뉴좀 갖다 주세요.

표현 연습

✛ Je voudrais ~

Vouloir (원하다) 동사의 조건법 현재 형태로서 일상 회화에서는 어조를 부드럽게 하는데 많이 쓰인다. 뒤에 명사나 동사 원형이 다 올 수 있다. 조건법의 상세한 문법 설명은 중급에 해당하므로 다음에 다루기로 한다. Je voudrais는 회화에서 빈번히 쓰이는 표현이기 때문에 문법 이해보다는 하나의 표현으로 먼저 암기를 해두는게 좋다.

Je voudrais un café. 커피 부탁드립니다.
Je voudrais habiter à Paris. 저는 빠리에서 살고 싶습니다.

■■■ **1.** ( ) 안의 동사를 직설법 단순 미래로 활용해서 넣으세요.

1 Tu (trouver) peut-être une maison en banlieue.
너는 아마 살 집을 교외에서 구할 것이다.

2 Il (partir) à Paris le 1ᵉʳ mai.
그는 5월 1일에 빠리로 떠날 것이다.

3 Qu'est-ce que vous (faire) demain?
당신은 내일 무얼 할 것입니까?

4 Nous (être) bientôt en vacances.
우리는 곧 휴가입니다.

5 Je (venir) ce soir à neuf heures.
나는 오늘밤 9시에 올겁니다.

2. 다음 문장을 읽어 보면서 뜻을 기억해 두세요.

1 Je voudrais rester encore huit jours à Lille.

2 Je voudrais voir le docteur.

3 Je voudrais un studio à Paris.

4 Je voudrais cette chambre.

● 요일 · 월 · 계절 이름 외우기

요일			
lundi 월요일	mardi 화요일	mercredi 수요일	jeudi 목요일
vendredi 금요일	samedi 토요일	dimanche 일요일	

월		
janvier 1월	février 2월	mars 3월
avril 4월	mai 5월	juin 6월
juillet 7월	août 8월	septembre 9월
octobre 10월	novembre 11월	décembre 12월

계절			
printemps 봄	été 여름	automne 가을	hiver 겨울

09
(neuf)

Dans le salon de coiffure
미용실에서

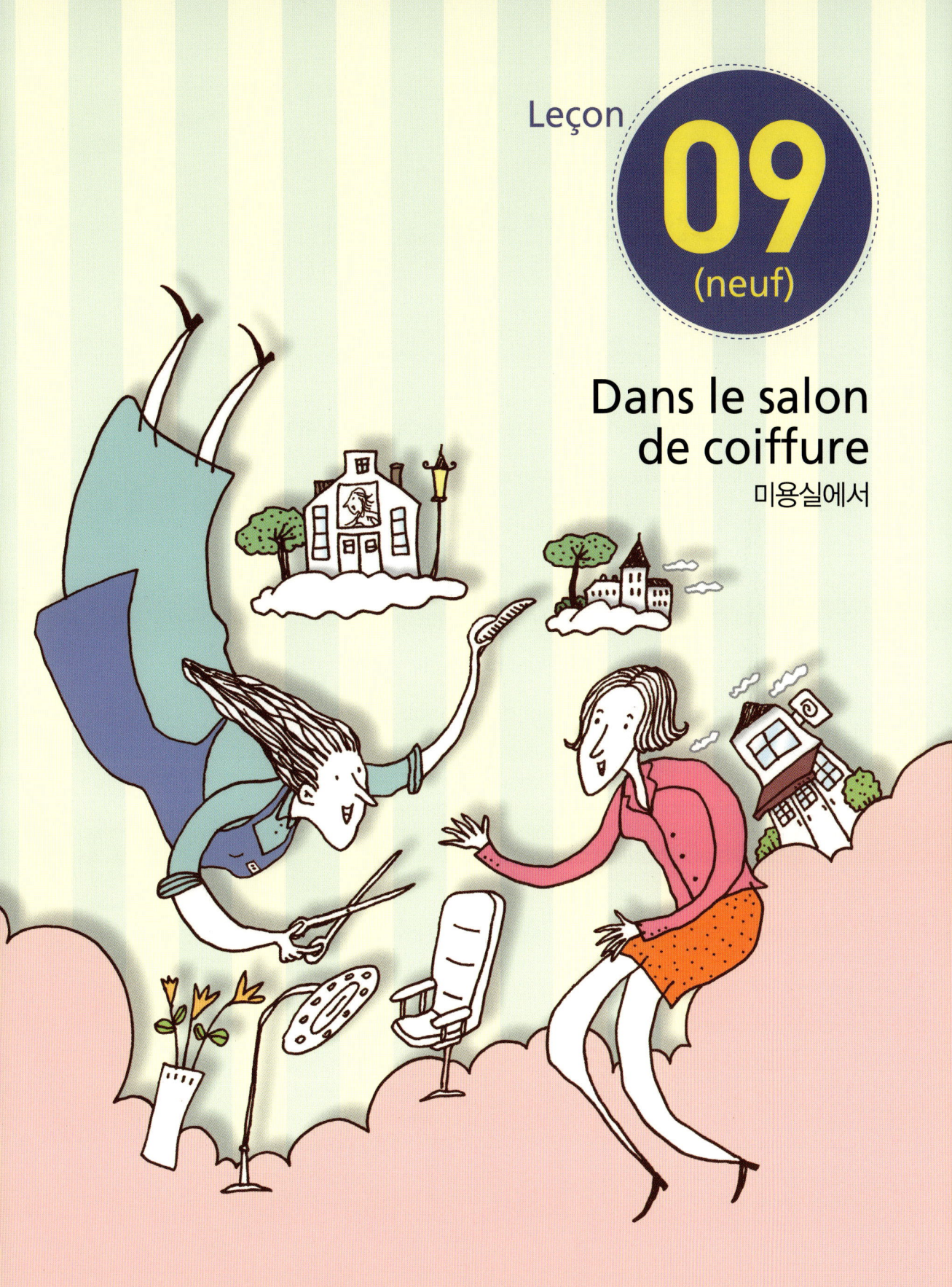

프랑스어로 말해 보아요.

33

- Bonjour, mesdames. J'ai rendez-vous avec Madelaine.

- Bonjour, madame, comment allez-vous?

- Très bien! Merci. Je ne suis pas trop en retard?

- Pas du tout. Par ici. Installez-vous! Je suis à vous dans cinq minutes. Vous voulez boire quelque chose?

- Je voudrais un verre d'eau minérale.

- D'accord. Mais comment doit-on vous couper les cheveux?

- Je vais choisir un modèle dans vos catalogues.

- Très bien. Prenez votre temps.

◑ mots et expressions  # 34

le salon de coiffure : 미용실
le rendez-vous : 약속
avoir rendez-vous avec qn : ~와 약속이 있다
comment allez-vous? : 어떻게 지내십니까?
trop : 너무
le retard : 지각
être en retard : 늦다 ↔ être en avance 이르다

pas du tout : 전혀 아니다
par ici : 이쪽으로 오세요.
installez-vous : 앉으세요 (대명동사 s'installer)
être à + 사람 : (사람) ~에 속하다, ~의 것이다
dans : ~후에, ~안에
la minute : 분, 짧은 시간

96

– 안녕하세요, 여러분. 마들렌하고 약속이 있습니다.

– 어서 오세요. 어떻게 지내세요?

– 매우 잘 지내고 있습니다! 고맙습니다. 제가 너무 늦지 않았나요?

– 전혀 아닙니다. 이쪽으로 오셔서 앉으세요. 5분 후에 봐드리겠습니다.

  뭐좀 마시겠습니까?

– 생수 한잔 부탁드립니다.

– 알겠습니다. 그런데 머리를 어떻게 잘라 드릴까요?

– 카탈로그 안에서 모델을 정해둘께요.

– 잘 알겠습니다. 그럼 천천히 하고 계세요.

🇫🇷 mots et expressions #34

boire : 마시다
quelque chose : 무엇인가
le verre : 잔
l'eau minérale : 생수 (l'eau gazeuse : 탄산수)
doit : ～해야 한다 (devoir 동사)
vous : 당신에게 (간접 목적 보어 대명사)
couper : 자르다, 베다

les cheveux : 머리카락(복수 – 단수형은 le cheveu)
choisir : 선택하다, 정하다
le modèle : 견본, 형, 모델
le catalogue : 카탈로그, 목록
le temps : 시간, 날씨
prendre son temps : 서둘지 않고 천천히 하다, 여
  유를 갖다

① 대명동사

주로 타동사 앞에 se를 붙여서 자기 스스로의 행위를 나타낸다.

Elle lave la vaisselle. 그녀가 식기를 씻고 있다.

Elle se lave. 그녀가 (스스로) 씻고 있다.

Elle couche son enfant. 그녀가 아이를 재우고 있다.

Elle se couche. 그녀가 (스스로) 잠자리에 든다.

se는 주어에 따라 다음과 같이 변한다.

se lever (일어나다) 동사의 직설법 현재 변화	
je me lève	nous nous levons
tu te lèves	vous vous levez
il(elle) se lève	ils(elles) se lèvent

* me, te, se는 모음 또는 무음h 앞에서는 m', t', s'로 모음 축약 (élision)이 이루어진다.

1. 대명동사의 주요 용법

a. 재귀적 용법 – 행위를 주어 자신에게 할때 쓰인다.

D'habitude je me lève à sept heures.
보통 나는 7시에 일어난다. (대명동사 se lever)

Il s'assied seul dans ce café.
그는 이 까페에서 혼자 앉아 있다. (대명동사 s'asseoir)

b. 상호적 용법 – 주어가 복수일때 쓰이며 '서로~하다'로 번역된다.

Pierre et Sylvie s'aiment.
삐에르와 씰비는 서로 사랑하고 있다. (대명동사 s'aimer)

Ils se regardent dans la rue.
그들은 길에서 서로 바라보고 있다. (대명동사 se regarder)

2. 대명동사의 부정형

무조건 주어 다음에 ne, 동사 다음에 pas이다.

Je ne me lève pas.

Nous ne nous levons pas.

3. 대명동사의 (도치에 의한) 의문형

Te lèves-tu?

Vous levez-vous?

4. 대명동사의 명령법

a. 긍정명령형 (te가 강세형 toi로 되는 것에 주의)
– 긍정 명령에서만 대명사의 위치가 동사 뒤이다.

Lève-toi.   **Levons-nous.**   **Levez-vous.**

b. 부정명령형 (대명사는 다시 원래 형태대로 동사 앞으로 와야 한다)

Ne te lève pas.   **Ne nous levons pas.**   **Ne vous levez pas.**

❷ 부정대명사 On

항상 주어로 쓰이며, 누구인가 대상을 특정 짓지 않고 불특정 다수의 「사람들」, 「누군가」란 뜻으로 많이 쓰인다. 또한 일상 회화에서는 전 인칭을 다 지칭할 수 있어 je, tu, il, elle, nous, vous, ils, elles을 대신하여 쓰여지고 있다. 그러나 보통은 Nous 대신에 가장 많이 쓴다.

On과 같이 쓰이는 동사는 3인칭 단수 주어와 동일하게 변화한다.

En France, on ne travaille pas le 14 juillet.
프랑스에서는 사람들이 7월 14일에는 일을 하지 않는다.

On frappe à la porte. 누군가가 문을 두드리고 있다.

On déjeune ensemble? 우리 같이 점심 식사할까요?

On va à la mer ce samedi? 우리 이번 토요일에 바다에 갈까?

❸ -ir 동사 (제 2군 규칙 동사)의 직설법 현재 변화

동사 원형이 -ir로 끝나는 동사 중, choisir와 같이 규칙적으로 동사 활용하는 것을 제 2군 규칙 동사라 한다. -ir를 떼고 인칭에 따라 다음과 같이 어미를 붙인다.

je choisis	nous choisissons
tu choisis	vous choisissez
il choisit	ils choisissent

＊ 같은 그룹에 finir (끝나다), réussir (성공하다) 등이 있다.

2군 동사는 프랑스어 동사 중 약 7%를 차지하며 모두 위와 같이 규칙적으로 변화한다. 1군 규칙 동사가 약 90%이므로 프랑스어 동사 중 약 97%는 일정한 공식에 의하여 변한다는 것에 주의를 해야 한다.

3군 불규칙 동사들도 같이 변화하는 동사 변화 그룹별로 묶어서 암기하면 쉽게 프랑스어 동사 변화를 이해할 수 있다.

▶ 부록 프랑스어 동사&시제 흐름표 참조 P. 156

❹ 대명사 위치 – 준조동사 +대명사 +동사원형

준조동사란 뒤에 동사 원형이 올 수 있는 동사들을 말한다.
이럴 경우에 대명사는 그 사이에 둔다.

Je dois te parler de cet appartement. – p 131 참조.
나는 너에게 그 아파트에 대해서 말해야 한다.

EXERCICES

■■ **1.** (   ) 안의 대명동사를 직설법 현재 변화로 써보세요.

1 Tous les soirs, elle (se coucher) de bonne heure.

매일 저녁 그녀는 일찍 잠자리에 든다.

2 Les enfants (s'amuser) dans la cour.

아이들은 운동장에서 놀고 있다.

3 Ils ne (s'aimer) pas.

그들은 서로 사랑하고 있지 않다.

4 (se connaître)-vous depuis longtemps?

당신들은 오래 전부터 서로 알고 있습니까?

5 Elle (se reposer) bien chez elle.

그녀는 집에서 잘 쉬고 있다.

6 Nous (se promener) au bois de Boulogne le dimanche.

우리들은 일요일마다 불로뉴 숲에서 산책한다.

■ ■ **2.** ( ) 안에 지시된 인칭에 맞게 대명동사를 긍정 명령으로 쓰세요.

1 S'amuser (vous) bien.
재미있게 지내세요.

2 Se lever (tu) tôt. 빨리 일어나라.

3 Se dépêcher (nous)! Le train part dans cinq minutes.
서두릅시다. 기차는 5분 후에 떠납니다.

4 S'asseoir (vous), s'il vous plaît ; le directeur arrive tout de suite.
어서 앉으세요. 사장님이 곧 도착하십니다.

10
(dix)

Au restaurant
레스토랑에서

프랑스어로 말해 보아요.

#35

- Bonsoir, messieurs-dames. Installez-vous ici. C'est notre meilleure table. Voici la carte. Par quoi commencer?

- Nous commencerons par un apéritif. Je prendrai un kir et ma femme un pineau.

- Très bien, monsieur, je m'occupe de vous.

- Qu'est-ce que tu prends, chérie?

- Je vais prendre un steak au poivre avec des frites.

- Quelle cuisson, madame?

- Pour moi, bien cuit, s'il vous plaît. Et toi?

- Hum.... A point, s'il vous plaît.

- Et comme dessert?

- Pour mon mari, une tarte et pour moi, une glace. Ensuite, deux cafés avec l'addition, s'il vous plaît.

mots et expressions  #36

au : ~에서, ~에게 (à le의 단축 관사)

le restaurant : 레스토랑

messieurs-dames : 여러분

meilleur, meilleure : 더 좋은, 보다 훌륭한
  (bon의 우등 비교형)

la carte : 메뉴, 지도

commencer par~ : 먼저 ~부터 시작하다

quoi : 무엇 (que의 강세형으로 전치사 다음에 쓰인다.)

apéritif : 식전에 마시는 술(아페리티프)

prendrai : prendre 동사의 미래형

le kir : 키르 (식전주의 일종)

le pineau : 피노 (와인의 일종)

m'occupe de ~ : ~에 전념하다, ~에 종사하다
  (s'occuper de ~)

chéri, chérie : 사랑하는 사람 (여보, 자기야)

– 안녕하세요. 이쪽으로 앉으세요. 여기가 우리 식당의 가장 좋은 자리입니다. 여기에 메뉴가 있습니다. 무엇부터 시작하시겠습니까?

– 아페리티프부터 하겠습니다. 저는 키르 한잔, 아내에게는 피노 한잔을 주십시오.

– 알겠습니다. 주문대로 하겠습니다.

– 여보, 당신은 뭐로 할건가요?

– 후추 비프스테이크와 감자 튀김으로 할게요.

– 어떻게 구워 드릴까요?

– 저는 바짝 구워주세요. 당신은?

– 음... 미디엄으로 부탁드립니다.

– 디저트로는 뭘하시겠습니까?

– 제 남편에게는 파이주시고요, 저에게는 아이스크림 부탁드립니다. 그리고 계산서와 함께 커피 두잔 부탁드려요.

mots et expressions # 36

le steak : 비프스테이크

au : ～이 들어가 있는
  (전치사 à는 소유 및 특징을 나타내기도 한다.)

le poivre : 후추

les frites : 감자 튀김 [복수]

comme + 무관사 명사 : ～로서

la cuisson : 굽기

pour moi : 나를 위해서는, 나에게는

bien cuit : 많이 익힌 (웰던)

à point : 적당하게 (미디엄)

le dessert : 디저트

la glace : 아이스크림

le mari : 남편 ↔ la femme 부인

la tarte ; 파이

ensuite : 이어서, 다음에

l'addition : f. 계산서

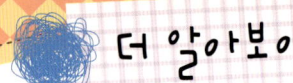

① 형용사 · 부사의 최상급

최상급은 비교급 앞에 정관사를 써주면 된다.

> **le(la. les) plus 형용사, 부사 de ~**   ~중에서 가장 더 ~한 (우등 최상급)
> **le(la, les) moins 형용사, 부사 de ~**   ~중에서 가장 덜 ~한 (열등 최상급)

Pierre est le plus grand de sa classe.
삐에르는 자기 반에서 가장 키가 크다.

Nicole est la moins heureuse de sa famille.
니꼴은 그녀의 가족중에서 가장 덜 행복하다.

Marie et Pierre sont les plus intelligents de la classe.
마리와 삐에르는 반에서 가장 현명하다.

소유형용사가 비교급 앞에 있으면 최상급의 의미가 된다. 소유 형용사가 최상급 앞에서 쓰이는 정관사를 대신한다.

Marie est ma meilleure amie.
마리는 나의 가장 친한 여자 친구이다.

C'est mon meilleur ami.
얘가 나의 가장 친한 친구입니다.

> meilleur,e 더 좋은 − bon의 우등 비교급은 불규칙하게 변한다.

- 부사의 최상급일 경우는 정관사가 항상 le이다. 부사는 성 · 수 구분을 하지 않는다.

Sylvie chante le plus joliment de la classe.
씰비는 반에서 가장 예쁘게 노래한다.

❷ 특수한 형태의 비교급

1. 형용사 bon의 우등 비교형은 meilleur이다.

Le vin français est meilleur que le vin italien.
프랑스의 포도주는 이탈리아의 포도주보다 더 맛이 있다.

Le vin français est le meilleur du monde.
프랑스 포도주가 세상에서 가장 맛있다.

2. 부사 bien의 우등 비교형은 mieux이다.

Jean travaille mieux que Marc.
장은 마르크보다 일을 더 잘한다.

Elodie chante le mieux de sa classe.
엘로디는 반에서 노래를 가장 잘한다.

❸ 단축 관사

정관사 le, les는 전치사 à나 de가 앞에 놓이면 다음과 같이 축약된다.

à + le = au	**à + les = aux**
de + le = du	**de + les = des**

Elle parle au professeur. 그녀가 선생님에게 이야기하고 있다.
On va aux Champs-Élysées? 우리 상젤리제에 갈까?
Elle vient du Japon. 그녀가 일본에서부터 오고 있다.
Ils viennent des États-Unis. 그들이 미국에서부터 오고 있다.

그러나, à la, à l' / de la, de l'의 경우는 변하지 않는다.

Je dois aller à la pharmacie.
나는 약국에 가야 된다.

Vous allez à l'église le dimanche?
당신은 일요일마다 교회에 가십니까?

La porte de la boucherie est à gauche.
그 정육점의 입구는 왼쪽에 있다.

La cour de l'école est trop petite.
그 학교의 운동장은 너무 작다.

 4 **동사 commencer의 직설법 현재**

동사의 원형이 -cer로 끝나는 1군 동사는 현재 Nous 변화에서 -cons이 아니라 발음상 -çons으로 해야 한다.

je commence	nous commençons
tu commences	vous commencez
il commence	ils commencent

EXERCICES

1. 뜻에 맞게 ( ) 안에 **de, du, des, au, aux** 중 알맞은 것을 넣으세요.

1 우리는 자주 레스토랑에서 저녁을 먹습니다.

On dîne souvent ( ) restaurant.

2 워싱턴은 미국의 수도이다.

Washington est la capitale ( ) États-Unis.

3 친구가 오늘 오후 서울에서 옵니다.

Mon ami arrive ( ) Séoul cet après-midi.

4 그녀는 샹젤리제에 갑니다.

Elle va ( ) Champs-Élysées.

5 그녀는 오늘 저녁에 카나다에서 부터 도착할 것입니다.

Ce soir, elle va arriver ( ) Canada.

EXERCICES

■ ■ **2.** ( ) 안의 단어를 최상급으로 바꾸세요.

1 Marie est l'élève (intelligente) de sa classe.
마리는 그녀의 반에서 가장 머리가 좋은 학생이다.

2 Jacques est (grand) de sa famille.
작끄는 그의 가족 중에서 가장 덜 크다.

3 Monique chante (bien) de la classe.
모니끄는 반에서 제일 노래를 잘한다.

4 Madelaine est (bon) de mes amies.
마들렌은 내 친구들 중에서 가장 착하다.

■ ■ **3.** ( ) 안의 동사를 직설법 현재로 변화 시켜서 써보세요.

1 Elle (réussir) toujours aux examens.
그녀는 항상 시험들에 합격한다.

2 A quelle heure (finir) -vous votre travail?
당신은 몇 시에 일이 끝납니까?

3 Nous (commencer) à travailler à 9 heures.
우리는 9시에 일하기 시작합니다.

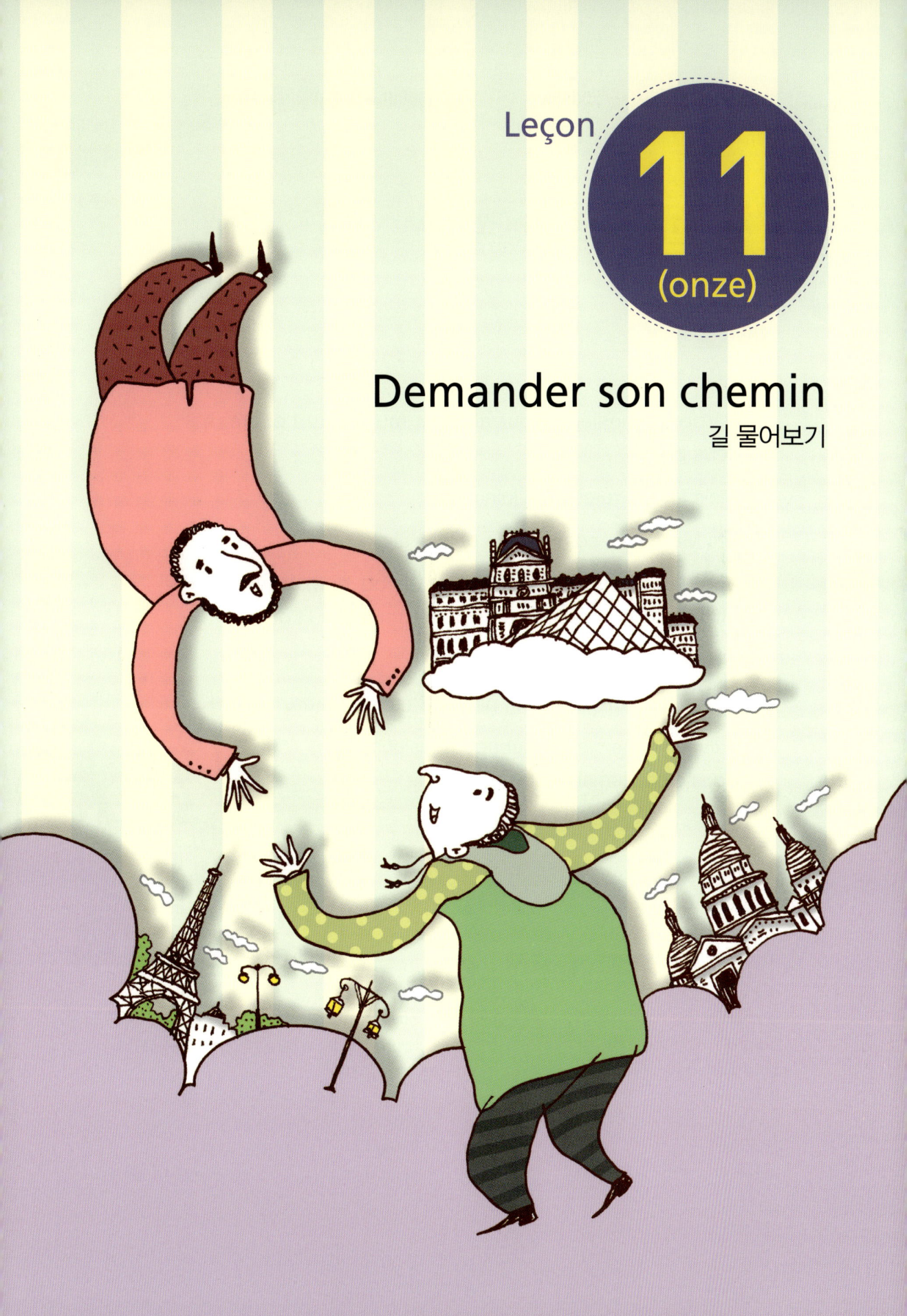

Demander son chemin

길 물어보기

프랑스어로 말해 보아요.

#37

- Pardon, monsieur. Pour aller au musée du Louvre, s'il vous plaît?

- Mais le Louvre est très loin d'ici!

- Ah! Mais alors comment je peux y aller?

- Vous devez prendre le métro…. ou bien le bus. Le chauffeur vous déposera devant le musée du Louvre.

- Où se trouve la station de métro?

- Allez tout droit jusqu'à la place. C'est tout près.

- Je vous remercie beaucoup, monsieur. Vous êtes bien aimable.

- Je vous en prie, monsieur.

mots et expressions  #38

demander : 물어보다, 요구하다
le chemin : 길
pardon : 미안합니다, 실례합니다
pour aller + 장소 : ~에 가려고 하는데요
le musée : 박물관
loin de ~ : ~에서 부터 멀리에 ↔ près de ~
comment : 어떻게
peux : 할 수 있다 (pouvoir 동사)

y : 거기에, 그곳에 (장소를 받는 중성 대명사)
ou bien : 또는 (ou와 같은 뜻으로 함께 많이 쓰인다.)
le chauffeur : 영업용 운전기사 (l'automobiliste 자가 운전기사)
vous : 당신(들)을 – 직접 목적 보어 대명사
déposer : 내려놓다, 예금하다
devant : ~앞에 ↔ derrière ~뒤에
se trouver : 있다, 위치해 있다 (être 동사와 같은 뜻)

우리말로 어떻게 할까요?

– 실례합니다, 루브르 박물관에 가려고 하는데요?

– 그런데 루브르는 이곳에서 부터 매우 멀리에 있어요!

– 아, 그럼 제가 어떻게 거기에 갈 수 있나요?

– 지하철을 타셔야만 합니다. 아니면 버스나. 운전 기사가 당신을 루브르 박물관
  앞에 내려줄 것입니다.

– 지하철 역은 어디에 있습니까?

– 곧장 저 광장까지 가세요. 아주 가까이에 있답니다.

– 감사합니다. 무척 친절하십니다.

– 천만에요.

mots et expressions #38

la station de métro : 지하철 역

tout droit : 곧장

jusqu'à : ～까지

la place : 광장

tout près : 매우 가까이

remercier : (～에게) 감사하다– 번역은 간접으로 하지
  만 항상 직접 목적 보어만 취한다

Je vous remercie : 감사합니다

bien : 매우, 잘

aimable : 친절한

Je vous en prie : 천만에요, 어서, 부디

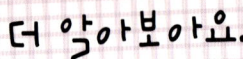

❶ 직접 목적 보어 대명사

직접 목적 보어 대명사에는 다음과 같은 종류가 있다.

me	te	le	la	nous	vous	les
나를	너를	그를	그녀를	우리들을	당신을	그들을
		그것을	그것을		당신들을	그녀들을
					너희들을	그것들을

* me, te, le, la는 모음 또는 무음 h의 앞에서는 m', t', l'로 된다.

1. 긍정 명령문의 경우를 제외하고는 항상 동사 앞에 놓여진다.

Je t'aime et tu m'aimes aussi.
나는 너를 사랑하고 너도 또한 나를 사랑하고 있다.

Achetez-vous ces tomates? 이 토마토들을 사시겠습니까?
– Non, je ne les achète pas. 아니오, 그것들을 사지 않겠습니다.

2. 긍정 명령문의 경우는 명령법 동사의 바로 뒤에 trait d'union(–)을 써서 잇는다 (이때 me 는 강세형 moi로 된다).

Ecoutez-moi bien. 내가 하는 말을 잘 들으세요.
– Oui, je vous écoute. 예, 저는 당신의 말을 듣고 있습니다.

❷ 중성 대명사 y

중성 대명사 y는 「그곳에, 거기에, 거기서」라는 장소를 나타내는 것 이외에도, 〈à +사물 명사, 동사원형〉을 대신하는 대명사로도 쓴다.

A quelle heure vas-tu à l'école? – J'y vais à 9h 30.
너는 학교에 몇시에 가니? – 저는 거기에 9시 30분에 갑니다.

Pensez-vous à votre pays? – Oui, j'y pense toujours.
당신은 당신의 나라를 생각하고 있습니까? – 예, 나는 언제나 그것을 생각합니다.

❸ 중성 대명사 y의 위치

y는 동사 앞에 놓여지지만, 긍정 명령문에서는 직접 및 간접 목적 보어 대명사처럼 trait d'union(−)을 붙여서 동사 뒤에 놓는다.

Allez-y. 그곳에 가세요.
Pensez-y. 그것을 생각하세요.

❹ devoir 동사 변화

devoir (〜해야한다, 〜임에 틀림없다) 동사의 직설법 현재 변화	
je dois	nous devons
tu dois	vous devez
il doit	ils doivent

EXERCICES

■ ■ **1.** 밑줄 부분을 대명사로 바꾸고 긍정과 부정으로 답하세요.

1 **Achetez-vous ces fraises?**
당신은 이 딸기들을 삽니까?

2 **Tu vois la cathédrale?**
너는 성당이 보이니?

3 **Avez-vous les billets d'avion?**
당신은 비행기 표들을 가지고 있습니까?

4 **Ne choisissez-vous pas cette chemise?**
당신은 이 와이셔츠를 선택하지 않습니까?

■ ■ **2.** 밑줄친 부분을 대명사로 바꿔서 다시 쓰세요.

1 **Donne la clé à Christian.**
크리스띠앙에게 열쇠를 줘.

2 **Écoutons cette chanson.**
이 노래를 들읍시다.

3 Téléphonez à votre mari Vincent.

당신의 남편인 뱅쌍씨에게 전화하십시오.

4 Ne montrons pas ces revues aux enfants.

이 잡지들을 아이들에게 보여주지 맙시다.

3. 밑줄친 부분을 중성 대명사 y로 바꾸고, 다음 물음에 긍정과 부정으로 답해 보세요.

1 Tu es au supermarché?

너는 수퍼마켓에 있니?

2 Ils habitent à Genève?

그들은 제네바에 살고 있니?

3 Vous pensez à Paris?

빠리를 생각하고 계십니까?

12
(douze)

Les vacances
바캉스

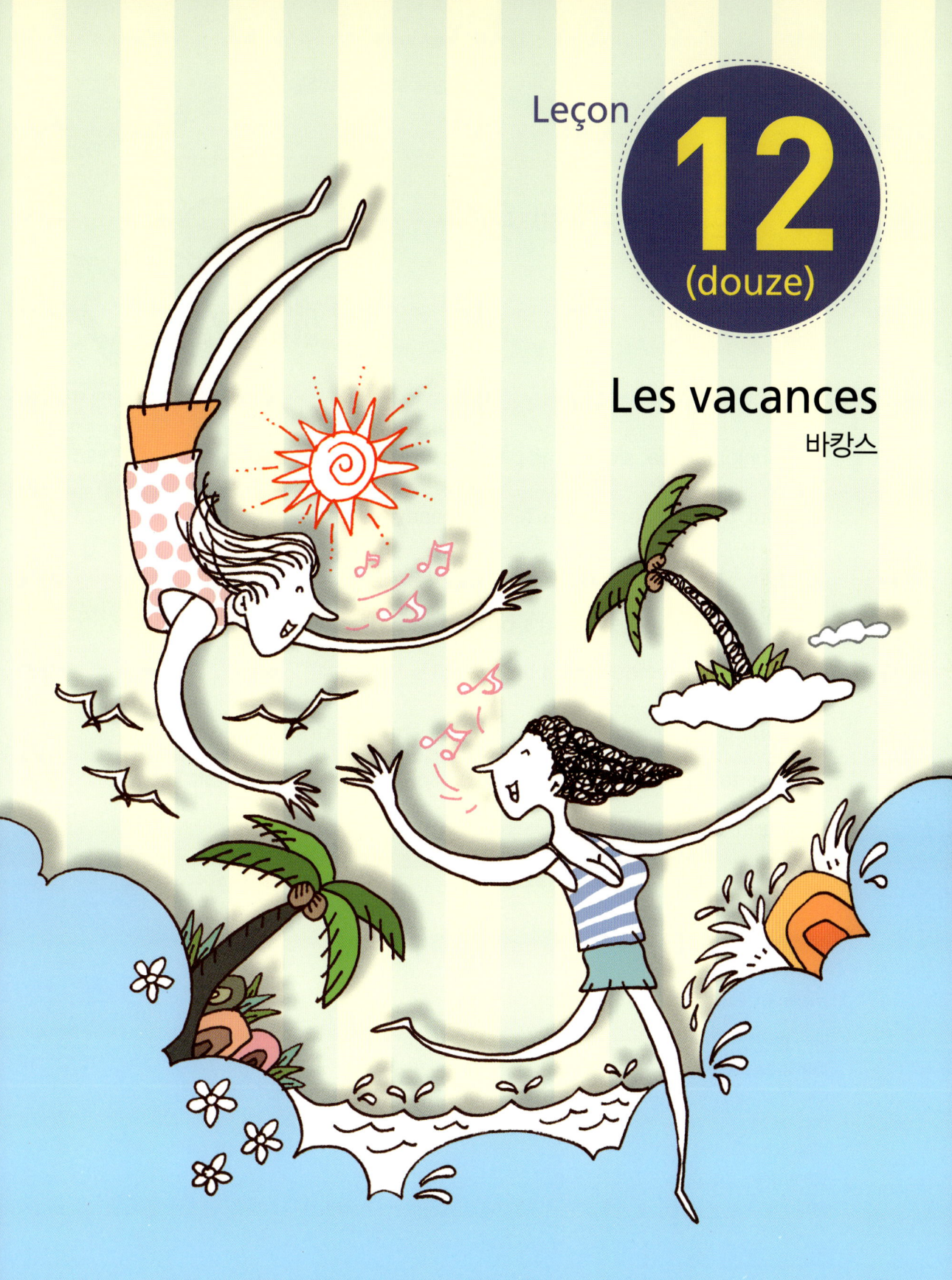

39

- Bonjour, Alice, alors tu as passé de très bonnes vacances?

- Oui, très bonnes, je suis allée à Deauville. Et toi?

- Oh! Moi, je suis allée en Corse. J'ai visité beaucoup de monuments et je me suis beaucoup promenée. Mais, toi, dis, qu'est-ce que tu es bronzée!

- Oui, c'est normal, j'allais tous les après-midi à la plage. J'ai fait aussi de la planche à voile et du bateau. C'était formidable, tu sais!

◑ mots et expressions #40

les vacances : 휴가 (복수로 쓰인다)
passé : passer 동사의 과거 분사
de : 복수의 de (부정 관사 복수형 des를 대신함)
oh : 오, 아!
allé : aller 동사의 과거 분사
Deauville : 도빌 (프랑스 여름 휴양지 중 하나)
en : ~에 (프랑스 지방명은 모두 여성이므로 전치사 en 을 쓴다.)
Corse 코르시카 섬

visité : visiter 동사의 과거 분사형
beaucoup de ~ : 많은 ~
le monument : (역사적 · 공공적)기념물
se promener : 산책하다
dis : 야, 아, 저, 이런, 아차 (회화에서 간투사로 많이 쓰인 다. – dire)
qu'est-ce que ~! : 감탄을 표시하기도 한다 (특히 구 어표현에서 = Que ~! = Comme ~! = Ce que ~!)

120

– 안녕, 알리스. 그런데 매우 즐거운 바캉스를 보냈니?

– 그래, 아주 좋았어. 나 도빌에 갔다 왔어. 너는?

– 오, 나는 코르시카 섬에 갔었어. 많은 기념물을 구경했고 많이 돌아 다녔어.

  그런데, 야, 너 햇빛에 많이 탔구나!

– 응, 그건 당연하지. 매일 오후에 해변에 가곤했으니. 그리고 또 윈드 서핑하고

  요트도 탔거든. 너도 알다시피, 굉장했어!

◑ mots et expressions # 40

bronzé, bronzée : 빛에 그을린, 썬탠한
normal, normale : 당연한
allais : aller 동사의 반과거 변화
tous les après-midi : 오후마다
la plage : 해변, 해수욕장

faire de la planche à voile : 윈드서핑하다
faire du bateau : 요트를 타다, 뱃놀이하다
était : être 동사의 반과거 변화
formidable : 굉장한, 멋진
tu sais : 너도 알다시피 (savoir 동사)

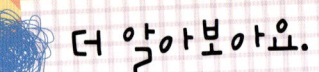

① 직설법 복합과거(Le passé composé)

1. 복합과거는 영어의 현재 완료형과 같이 「~해 버렸다」라는 뜻으로 쓰이는 동시에, 회화체의 과거 표현으로서 「~했다」고 하는 과거의 동작을 나타내는 등 폭넓게 일반적으로 쓰여지는 과거 시제이다.

   복합과거는 조동사 avoir 또는 être의 직설법 현재형에 과거분사를 붙여서 만든다. 거의 대부분의 동사가 조동사로 avoir를 사용한다.

visiter 방문하다	
j'ai visité	nous avons visité
tu as visité	vous avez visité
il a visité	ils ont visité

2. 조동사로 être를 취하는 동사는 왕래발착, 장소 이동의 뜻을 나타내는 자동사들로 대략 20개 정도된다. 이 동사들의 과거분사는 주어의 성·수에 따라 일치를 시켜줘야 한다.

aller 가다	
je suis allé(e)	nous sommes allé(e)s
tu es allé(e)	vous êtes allé(e)(s)
il est allé	ils sont allés
elle est allée	elles sont allées

   avoir를 조동사로 하는 과거분사는 주어의 성과 수에 절대로 일치시키면 안된다.

   Elle a parlé   Elles ont parlé

   Nous avons regardé   Ils ont marché

3. **과거분사 만드는 법**

   -er의 어미를 가진 동사는 모두 어미를 -é로 바꾸고, -ir의 어미를 가진 동사의 대부분은 어미를 -i로 하면 된다.

   passer (지나가다) → passé   finir (끝나다) → fini

avoir → eu[y], être → été 등과 같이 불규칙하게 변하는 것들도 많이 있다. 불규칙 3군 동사들의 과거 분사형은 배우는데로 꼭 암기를 해둬야 한다.

➡️ **부록** 프랑스어 동사&시제 흐름표 참조 P. 156

② 직설법 반과거(Imparfait)

구어체에서는 과거의 일을 표현하는데 복합과거형 외에도 반과거형이 많이 쓰여진다. 복합과거형은 보통 「~했다」라는 식으로 지나가 버린 것을 뜻하는데 대해 반과거형은 「~하고 있었다」와 같이 완전히 지나가 버리지 않은 것을 나타내거나 과거에 있어서 반복된 동작이나 진행을 나타낸다.

Le train est arrivé. 열차가 도착했다. (복합과거형 – 완료를 나타냄)
Le train arrivait. 열차가 도착하고 있었다. (반과거형 – 과거 진행을 나타냄)

1. 반과거형의 어미는 예외없이 모두 다음과 같이 변화한다.

je	ais [애]	nous	ions [이옹]
tu	ais [애]	vous	iez [이예]
il	ait [애]	ils	aient [애]

반과거 어간은 현재 1인칭 복수 Nous의 동사 변화형에서 .....ons를 떼어버리고 나머지 앞의 부분을 사용한다.

boire (마시다)   →   Nous buvons   →   Je buvais
faire (하다, 만들다)   →   Nous faisons   →   Je faisais

다만, être의 반과거형은 예외로 ét~라는 특별한 어간을 사용한다.

J'étais, Tu étais, Il était, Nous étions, Vous étiez, Ils étaient

2. 직설법 반과거의 주요 시제 용법

a. 과거 습관 (∼하곤 했다)

Le matin, je me promenais. 아침마다 나는 산책하곤 했다.

b. 과거 묘사 (∼였다, ∼했다)

C'était bien. 그것은 좋았었다.

c. 과거 진행 (∼하는 중이었다)

Elle dormait. 그녀는 자고 있는 중이었다.

❸ 복수의 de

복수 형용사 다음에 복수 명사가 오면 앞의 관사 des는 de로 바뀐다. 하지만 강제적이지는 않다. 그대로 des를 써주는 경우도 많다.

une belle fleur 아름다운 꽃 → de belles fleurs

❹ 대명동사 복합과거 만들기

대명동사 문장을 복합과거로 할 때에는 조동사로 항상 être를 취하며 과거분사는 주어의 성과수에 일치시킨다. (예외의 경우는 중급과정에서 설명)

Elle se lave. → Elle s'est lavée.
Elles se couchent. → Elles se sont couchées.

EXERCICES

■ ■ **1.** 밑줄친 동사를 직설법 복합과거로 쓰세요.

1 Je <u>peux</u> dormir profondément. (pouvoir - pu)

2 Je <u>vois</u> monsieur SHIN hier soir. (voir - vu)

3 Tu <u>veux</u> chanter. (vouloir - voulu)

4 Les Jeux olympiques <u>ont</u> lieu à Séoul en 1988. (avoir - eu)

5 Nous <u>recevons</u> des cadeaux. (recevoir - reçu)

6 Elle <u>meurt</u> en 2010. (mourir - mort)

7 Elles <u>descendent</u> en cave. (descendre - descendu)

8 Nous <u>arrivons</u> à l'aéroport à huit heures. (arriver - arrivé)

9 Ils <u>ouvrent</u> les enveloppes. (ouvrir - ouvert)

10 Vincent Van Gogh <u>naît</u> en 1853 aux Pays-Bas. (naître - né)

2. 밑줄친 동사를 직설법 반과거로 쓰세요.

1 Ils <u>vivent</u> heureux. (Nous vivons)

2 Il <u>est</u> pauvre quand je <u>suis</u> enfant. (불규칙 변화)

3 Je <u>sors</u> quand elle est venue avec sa mère. (Nous sortons)

4 Je <u>prends</u> une douche quand le téléphone a sonné. (Nous prenons)

5 J'<u>écris</u> une lettre quand elle est entrée dans ma chambre.
(Nous écrivons)

6 Pendant mon séjour à Paris, je <u>vais</u> tous les jours au Jardin du Luxembourg. (Nous allons)

7 Le mardi, le spectacle <u>finit</u> vers minuit. (Nous finissons)

Leçon **13** (treize)

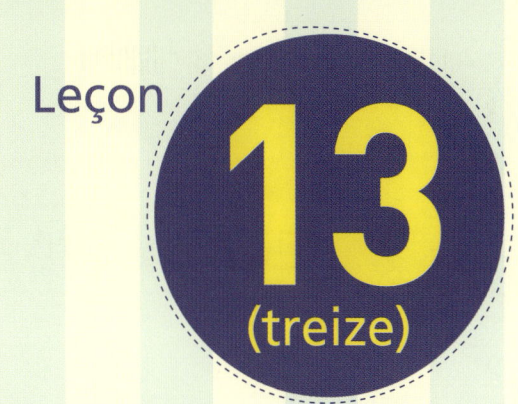

Dans la boutique de vêtements

옷가게에서

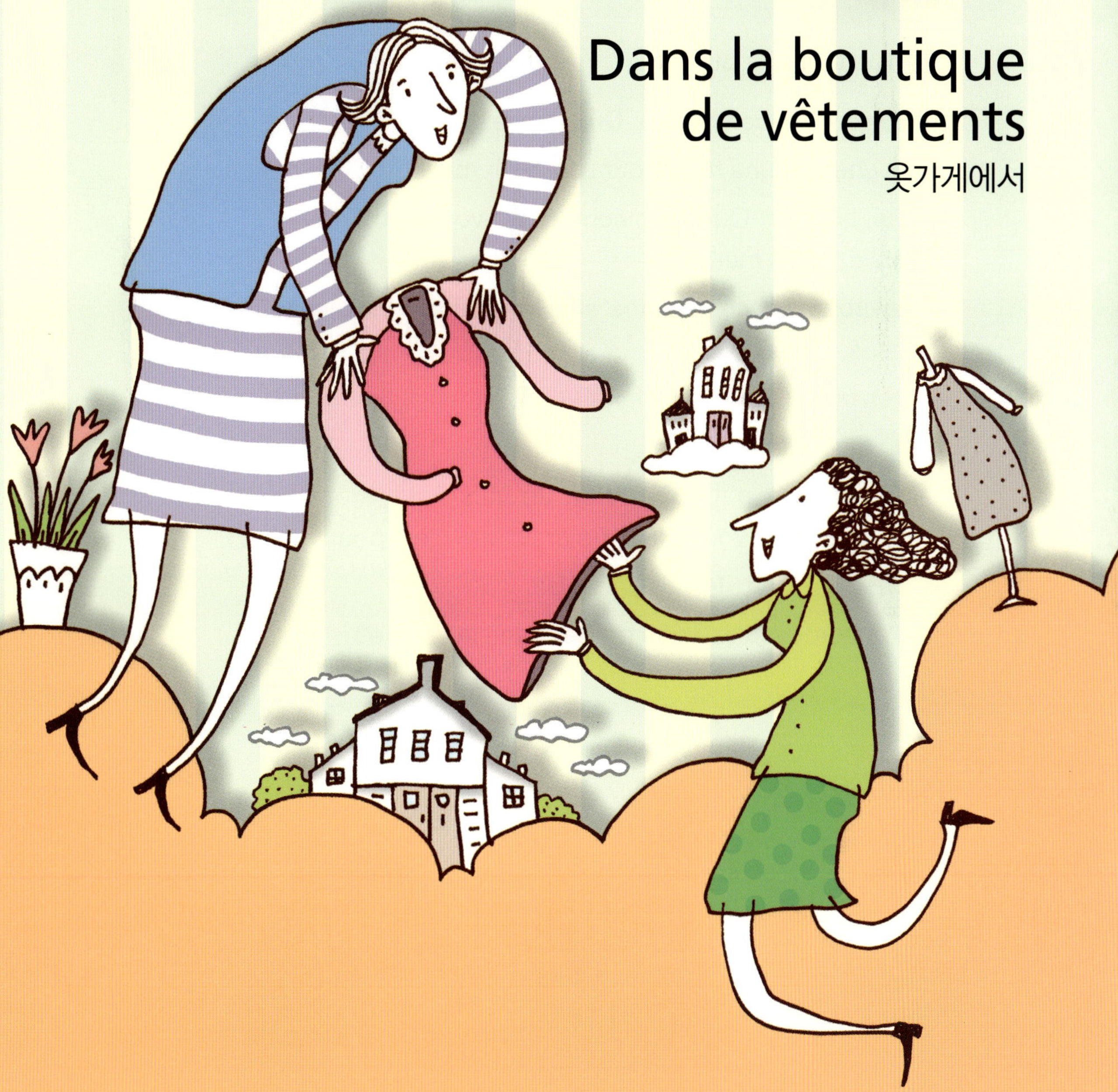

#41

- Bonjour, madame.

- Bonjour, mademoiselle. Que désirez-vous?

- Je cherche une robe pour aller à un mariage.

- Oui, bien sûr. Quelle couleur aimez-vous et combien voulez-vous mettre?

- Environ deux cents euros et je la voudrais dans les tons roses.

- Très bien. Quelle taille faites-vous?

- Du quarante.

- Suivez-moi, s'il vous plaît. Je vais vous montrer nos modèles. Elle vous plaît? Je crois que c'est pour vous ici.

- Oh, c'est bien. Je vais la choisir.

- D'accord. Voulez-vous passer dans la cabine?

mots et expressions #42

la boutique : 상점, 가게
le vêtement : 옷, 의류
chercher : 찾다
la robe : 드레스, 원피스
le mariage : 결혼, 결혼식
la couleur : 색

combien : 얼마나
mettre : 놓다, 넣다, (예산을) 하다
environ : 약, 대략
deux cents : 200
le ton : 톤, 색조, 음색, 말투
rose : 핑크색의, 분홍색의

우리말로 어떻게 할까요?

– 안녕하세요?

– 어서 오세요. 뭘 드릴까요?

– 결혼식에 가게 되어서 드레스 하나 볼려구요.

– 예, 알겠습니다. 어떤 색을 좋아하십니까? 그리고 가격은 어느 정도를 원하시나요?

– 약 200 유로 정도이고요 핑크빛 톤으로 원합니다.

– 잘 알겠습니다. 사이즈는 어떻게 되시죠?

– 40 사이즈입니다.

– 저를 따라 오십시오. 우리 가게에 있는 모델들을 보여드리도록 하겠습니다. 이거 마음에 드십니까? 제 생각으로는 이 옷이 당신을 위해서 여기에 있는 것 같은데요.

– 오, 좋습니다. 이걸로 하겠습니다.

– 탈의실로 가시겠습니까?

mots et expressions #42

la taille : 사이즈, 치수, 신장, 키
du quarante : 40 사이즈의, 40 치수의
suivre : 따라가다(오다)
montrer : 보여주다
plaire à qn : ~에게 마음에 들다
(항상 간접 목적 보어를 취한다.)

croire : 생각하다
Je crois que ~ : ~라 생각한다 (que는 여기에서 목적절을 이끌어 주는 접속사 – 영어의 that에 해당)
choisir : 선택하다
passer : 잠깐 들르다, 지나가다
la cabine : 탈의실

129

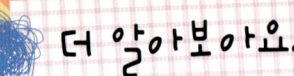

더 알아보아요.

① **Que désirez-vous? 뭘 도와드릴까요? (필요하신 것 있습니까?)**

Vous désirez?의 문어체적인 표현으로 회화에서 가끔 쓰인다.

이에 대한 대답으로는 흔히 Je voudrais ~라고 말한다.

② **mettre (넣다, 놓다, 입다) 동사의 직설법 현재 변화**

je mets	nous mettons
tu mets	vous mettez
il met	ils mettent

③ **suivre (따라가다, 뒤쫓다, 수업을 받다) 동사의 직설법 현재**

je suis	nous suivons
tu suis	vous suivez
il suit	ils suivent

être 동사의 Je suis와 혼동해서는 안된다. 문맥을 보고 결정한다.

Je suis fonctionnaire. 나는 공무원이다.

Je suis un cours de français à l'institut SHIN JS depuis 2 mois.
나는 신중성 어학원에서 2개월 전부터 프랑스어 수업을 받고 있다.

4 부정법 현재(Infinitif)

부정법 현재는 동사의 원형을 말하며 수 · 인칭 · 법의 개념이 없고, 명사와 동사의 기능을 다 갖는다. 전치사 바로 다음에 주로 많이 쓰인다. 프랑스어는 전치사 다음에 동사가 올 경우에는 원형을 쓴다.

Vouloir, c'est pouvoir. 원한다는 것은 할 수 있다는 것이다.
(무엇이든지 하면 된다. = 영어의 I can do it.)

J'aime voyager. 나는 여행하는 것을 좋아한다.

Il commence à travailler. 그는 일하기 시작한다.

Je suis heureux de vous voir. 당신을 만나뵙게 되어 기쁩니다.

5 준조동사가 있을 경우의 대명사 위치

준조동사는 뒤에 동사 원형을 이끌어 주는 동사들을 말한다.

J'aime voir Marie.
나는 마리를 만나는 것을 좋아한다.

Je vais montrer cette photo à Pierre.
나는 이 사진을 삐에르에게 곧 보여줄 것이다.

Voulez-vous porter cette robe?
이 드레스를 입어보시겠습까?

Je peux aller tout seul à la fac en métro.
나는 지하철을 타고 혼자서 (단과)대학에 갈 수 있다.

이럴 경우에 대명사의 위치는 준조동사와 동사 원형 사이이다.

J'aime la voir.

Je vais la montrer à Pierre.

Voulez-vous la porter?

Je peux y aller tout seul.

+ Voulez-vous + inf? 「~해 주시겠습니까?」

상대방에게 무엇인가를 부탁할 때나 권유할때, Je voudrais~라고 하는 표현과 함께 매우 많이 쓰이고 있는 표현이다.

Voulez-vous préparer l'addition, s'il vous plaît?
계산서 좀 준비해 주시겠습니까?

Voulez-vous fumer? – Non merci. Je ne fume pas.
담배 피우시겠습니다. – 아뇨, 괜찮습니다. 저는 담배를 안피웁니다.

+ Quelle taille faites-vous? 「사이즈가 어떻게 되십니까?」

la taille는 옷의 사이즈를 말한다. 따라서, Quelle taille faites-vous?라는 질문을 받으면, Je fais du trente-huit. (38 사이즈입니다.) 등으로 자신의 옷 사이즈를 말해주면 된다.

■ ■ **1.** 다음 문장을 읽고 뜻을 생각해보세요.

1 Je voudrais voir monsier le Directeur.

2 Je voudrais parler à Sophie.

3 Je voudrais envoyer cette lettre par avion.

4 Je voudrais toucher ce chèque.

5 Je voudrais changer des dollars en euros.

■ ■ **2.** ( ) 안의 동사를 직설법 현재 변화로 써보세요.

1 Je (devoir) travailler mieux.
저는 더 열심히 공부해야 합니다.

2 Comment (dire)-on 《Bonjour.》 en coréen?
《Bonjour.》를 한국어로 뭐라고 말합니까?

3 En automne les arbres (jaunir) et les feuilles (tomber).
가을에는 나무들이 노래지고 나뭇잎들이 떨어진다.

4 Je vous (attendre) au café du coin à 18 heures.
저녁 6시에 모퉁이 까페에서 당신을 기다리겠습니다.

5 Tu (voir) Madelaine chaque jour?
너는 매일 마들렌을 만나니?

6 Elle (mettre) ses bagages à la consigne automatique.
그녀는 자신의 짐들을 자동 보관함에 넣고 있다.

Leçon

14 (quatorze)

Accueillir une étudiante coréenne

한국인 학생 맞이하기

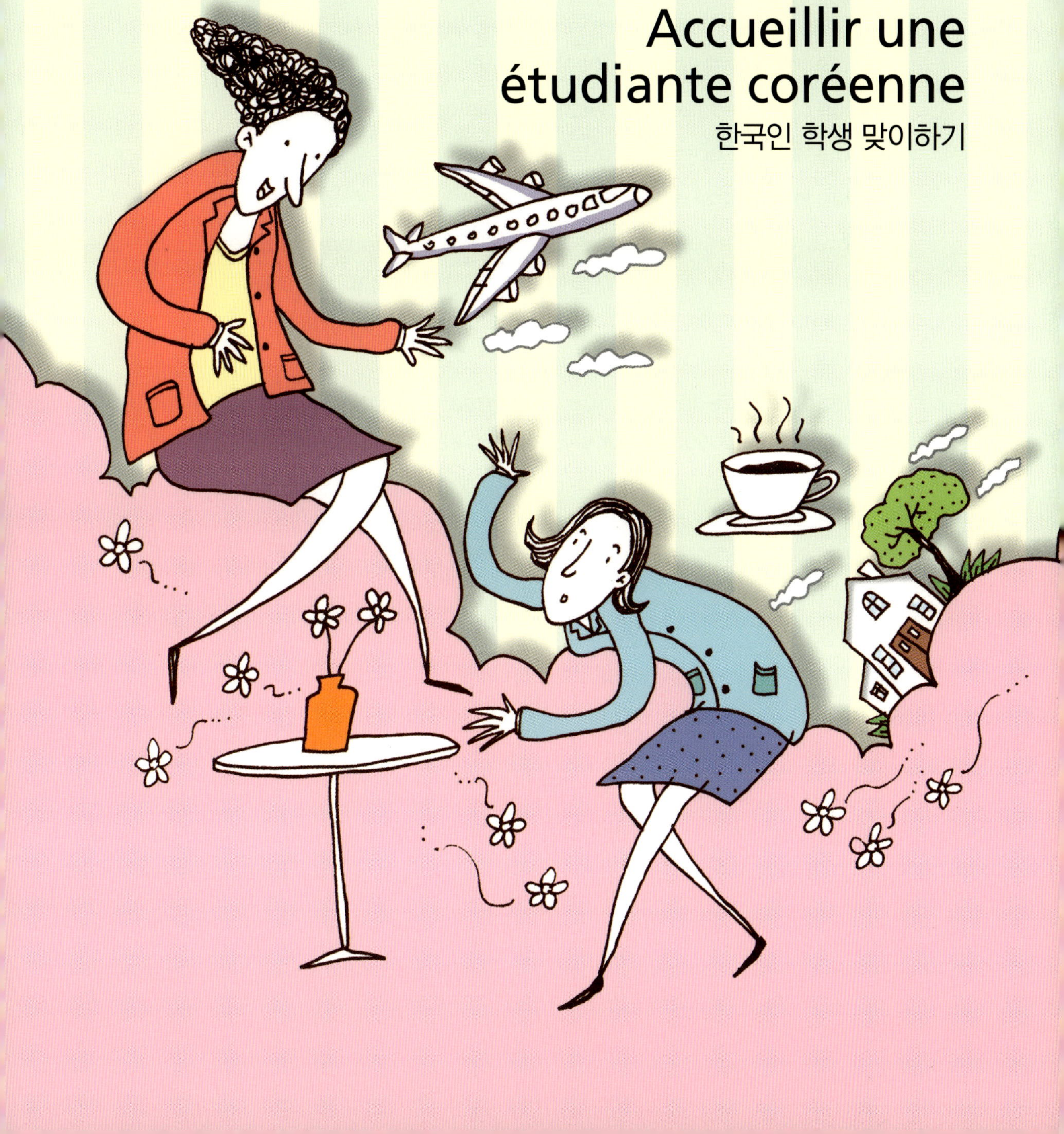

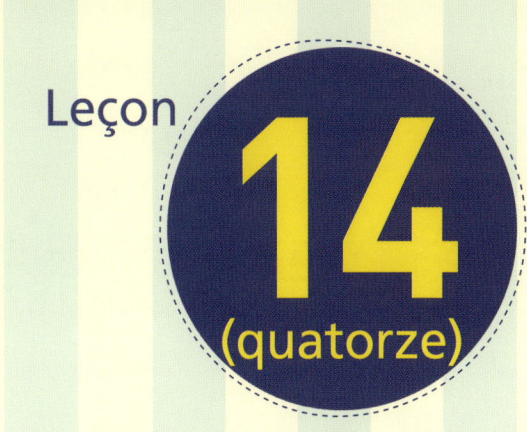

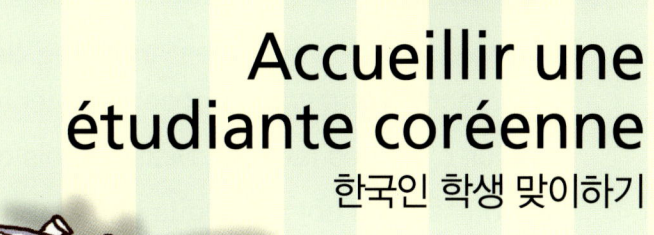

프랑스어로 말해 보아요.

 #43

- Est-ce que le voyage est très long de la Corée jusqu'à la France? Il faut vous reposer maintenant.

- Oui, c'est très fatigant. Mais je crois que ça va aller.

- Voulez-vous boire quelque chose?

- Oui, je prendrai un café, s'il vous plaît.

- Voilà. Qu'est-ce que vous faisiez dans l'avion pour passer le temps? Il y a un an, je me suis très ennuyée quand je suis partie en vacances à Séoul. Il m'a fallu 13 heures pour y aller.

- J'écoutais de la musique classique en lisant le journal français. Le voyage pour la France, c'est toujours amusant.

- Ah bon? Vous pouvez aller vous reposer si vous êtes fatiguée. Il est très tard.

- Oui, merci bien, madame.

mots et expressions #44

accueillir : 맞이하다, 접대하다
　(현재는 1군 동사와 똑같이 변화함)
long, longue : 긴 ↔ court, courte 짧은
de A jusqu'à B : A에서 B까지
Il faut + inf : ～해야 한다 (비인칭 동사 falloir)
se reposer : 쉬다, 휴식을 취하다
maintenant : 지금
fatigant, fatigante : 피곤하게 하는
Je crois que ~ : ～라고 생각한다
ça va aller : 곧 괜찮아 질거다 (근접미래)

boire : 마시다
quelque chose : 무엇
Voilà : 여기 있습니다. 자.
comment : 어떻게
Qu'est-ce que ~ : 무엇을
faisiez : faire 동사의 반과거 변화 (과거진행을 나타냄)
l'avion : m. 비행기
quand : ～할때, 언제
partir : 떠나다
aller en vacances : 휴가를 보내러 가다(= partir en vacances)

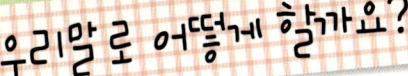

우리말로 어떻게 할까요?

- 한국에서 부터 프랑스까지의 여행은 시간이 매우 오래 걸리죠? 지금 휴식을 취하셔야 합니다.

- 예, 매우 피곤하게 합니다만 곧 괜찮아 질 것 같습니다.

- 뭐 좀 마실래요?

- 예, 커피 한잔 부탁드립니다.

- 여기 있습니다. 비행기 안에서 시간을 보내기 위해서 뭘 하셨나요? 1년 전에 휴가를 보내러 서울에 갔을때 저는 매우 지루했었거든요. 가는데 13시간이나 걸렸답니다.

- 프랑스 신문을 읽으면서 클래식 음악을 들었습니다. 프랑스로의 여행은 늘 저에게 무척 즐거움을 줍니다.

- 아, 그래요? 피곤하시면 지금 쉬러 가셔도 되는데. 시간이 매우 늦었네요.

- 예, 고맙습니다. 마담

◊ mots et expressions  # 44

il y a + 시간 : ∼전에 ↔ dans + 시간
s'ennuyer : 지루하다
il faut + 시간 : ∼의 시간이 걸리다, 필요하다
　(과거형은 − fallu)
écouter : 듣다
la musique classique : 클래식 음악
en lisant : 읽으면서 (Gérondif = en + 현재분사)
toujours : 항상
amusant : 재미있는
Ah bon? : 아, 그래요?
　(회화에서 상대방의 말에 맞장구 칠때 쓰이는 표현이다.)

pouvez : pouvoir 동사의 2인칭 vous의 현재형
aller inf : ∼하러 가다 (근접미래 뿐만이 아니라 목적도
　된다. 왕래 발착 동사 뒤에 동사 원형이 오면 보통 목
　적의 뜻이 된다.)
si : ∼라면, ∼한다면 (Si + 현재, 현재 또는 단순미래 −
　하나의 공식처럼 쓰인다.)
fatigué, fatiguée : 피곤한
Il est très tard : 시간이 매우 늦다
　↔ Il est très tôt. 매우 이르다

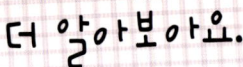

1 Il faut + inf / Il faut + 명사

'Il faut + 동사원형'은 「~해야 한다」를 뜻하는 비인칭의 표현이다. 이 il은 형식상의 주어이고, 「그것, 저것」의 뜻은 없다. 이와 같은 문을 비인칭 구문이라 한다.

Il faut terminer ce travail avant le dîner.
저녁식사 전까지 이 일을 끝내야 합니다.

Il ne faut pas fumer ici.
여기서 담배를 피우면 안됩니다.

'Il faut + 명사'는 「~이 필요하다」의 뜻이 된다는 것에 주의하자.

Il faut de la patience pour apprendre le français.
프랑스어를 배우기 위해서는 인내심이 필요하다.

Il faut 3 heures pour aller à Paris.
빠리에 가기 위해서는 3시간이 필요합니다.

비인칭 표현에서의 의미상의 주어는 비인칭 주어 il과 동사 사이에 간접 목적보어 대명사를 써주면 된다.

Il me faut terminer ce travail avant le dîner.
나는 저녁 식사 전까지 이 일을 끝내야 한다.

Il me faut 3 heures pour aller à Paris en voiture.
나는 자동차로 빠리에 가는데 3시간이 필요하다.

2 Gérondif 제롱디프 (~하면서)

현재분사 앞에 전치사 en을 쓰면 동시 동작을 나타내는 Gérondif 구문이 된다. 현재분사는 반과거와 마찬가지로 1인칭 복수에서 어간을 따서 뒤에 -ant를 붙이면 된다. 전 인칭에 다 동일한 형태이다.

lire	–	Nous lisons	–	lisant	–	en lisant (읽으면서)
boire	–	Nous buvons	–	buvant	–	en buvant (마시면서)
faire	–	Nous faisons	–	faisant	–	en faisant (하면서)

❸ Il est tard.

「시간이 늦다」라는 뜻으로 잘 쓰인다. 이와 같이 être는 faire 등과 같이 비인칭 동사로 쓰여질 때가 있다. ↔ Il est tôt. (이르다)

Il est trop tard. Je dois rentrer. 너무 늦었습니다. 이제 집에 가야됩니다.

1. 다음 문장을 번역해 보세요.

1 Il faut y partir tout de suite.

2 Il faut encore deux cents euros.

3 Est-ce qu'il faut changer de train pour aller à Barbizon?

4 Il ne faut pas rouler si vite à Paris.

5 Il faut environ 2 heures de Paris à Lyon en TGV.

2. ( ) 속의 동사 원형을 Gérondif로 고쳐 쓰세요.

1 Il travaille toujours (boire).

2 Elle marche (chanter).

3 J'écoute de la musique (lire) le journal.

4 Elle regarde la télévision (faire) le ménage.

5 J'ai rencontré ma copine (attendre) le bus.

연습문제
정답

2과

1.

1) étudiants	**2)** frères
3) journalistes	**4)** chaises
5) Coréennes	**6)** portes
7) fenêtres	**8)** étagères
9) filles	**10)** réfrigérateurs

2.

1) Est-ce que vous êtes chanteuse?

2) Est-ce que vous êtes étudiante?

3) Est-ce que vous êtes botaniste?

4) Est-ce que vous êtes Française?

5) Est-ce que vous êtes actrice?

3.

1) Elle n'est pas Coréenne.

2) Je ne suis pas Français.

3) Ça ne va pas bien.

4) Il ne fait pas froid.

5) Vous n'allez pas bien.

6) Tu n'es pas Japonais.

4.

1) Je suis Coréenne.

2) Vous êtes actrice.

3) Je suis Française.

4) Vous êtes journaliste.

5) Je suis chanteuse.

5.

1) Oui, je suis étudiante. - Non, je ne suis pas étudiante.

2) Si, je suis étudiante. - Non, je ne suis pas étudiante.

3) Oui, je suis cuisinier. - Non, je ne suis pas cuisinier.

4) Si, je suis Coréenne. - non, je ne suis pas Coréenne.

5) Oui, vous êtes professeur. - Non, vous n'êtes pas professeur.

 3과

1.

1) Je (suis) secrétaire.

2) Elle (est) étudiante.

3) Vous (êtes) Parisienne.

4) Ils (sont) Canadiens.

5) Il (est) médecin.

6) Nous (sommes) lycéens.

2.

1) Vous ne (parlez) pas anglais? - Si, je (parle) anglais.

2) Est-ce qu'elles (écoutent) la radio? - Non, elles n'(écoutent) pas la radio, elles (regardent) la télévision.

3) Est-ce que vous (parlez) à Pierre? - Oui, je (parle) à Pierre.

4) Tu (travailles) ici? - Oui, je (travaille) ici.

5) (Habitez)-vous à Lyon? - Non, nous n'(habitons) pas à Lyon.

6) Tu n'(aimes) pas le chocolat? - Si, j'(aime) beaucoup ça.

7) Vous (fumez)? - Non, je ne (fume) pas.

3.

1) (cet) étudiant	(cette) étudiante
2) (ces) chaises	(cette) porte
3) (ces) étudiants	(ce) garçon
4) (cette) fille	(ces) étudiantes
5) (cet) appartement	(ces) immeubles

4과

1.

1) L'avion est (plus rapide) que le TGV.

2) L'autobus roule (moins vite) que le métro.

3) Marie est (aussi jeune) que Catherine.

4) La Seine est (moins longue) que la Loire.

2.

1) l'affiche (f. 포스터)   **2)** la voiture (f. 자동차)

3) la carte (f. 지도)
5) le studio
7) la maison
9) les hôtels
11) l'auto
13) le camion (m. 트럭)

4) les villes (f. 도시)
6) l'appartement
8) la lune
10) l'avion
12) le soleil
14) les hommes

3.
1) (Pourquoi) pleures-tu?
2) (Où) habitez-vous?
3) (Que) regardez-vous?
4) (Qu'est-ce que) tu cherches?
5) Tu regardes (quoi)?

1.
1) une valise (f. 여행 가방)
3) un cadeau (m. 선물)
5) une pomme (f. 사과)
7) un sac (m. 가방)
9) des amies
11) un/des jus (m. 주스)

2) un animal
4) des fleurs
6) des fruits
8) des enfants (n. 아이)
10) une orange (f. 오렌지)
12) un mouton (m. 양)

2.
1) du lait (m. 우유)
3) du vin (m. 포도주)
5) de l'eau (f. 물)
7) de l'argent (m. 돈)
9) de l'huile
11) de la patience
13) des légumes
14) des pommes de terre (f. 감자)

2) du pain (m. 빵)
4) de la viande (f. 고기)
6) du thé (m. 차)
8) du sel (m. 소금)
10) du courage
12) de l'esprit (m. 정신)

3.
1) Je vais chercher Emma à la gare.
Je viens de chercher Emma à la gare.

2) Vous allez préparer la leçon 6?
Vous venez de préparer la leçon 6?

3) Nous allons arriver à Paris.
Nous venons d'arriver à Paris.

1.
1) ma voiture (나의 차)
2) mon vélo (나의 자전거)
3) ta moto (너의 오토바이)
4) ma chambre (나의 방)
5) leurs parents (그들의 부모들)
6) sa mère (그의 어머니)
7) mon école (나의 학교)
8) mon voisin (나의 이웃 사람)
9) ta voisine (너의 이웃 사람)
10) votre cousine (당신의 여사촌)
11) son père (그녀의 아버지)
12) notre oncle (우리의 아저씨)
13) mon amie (나의 여자 친구)
14) votre tante (당신의 이모)

2.
1) Nous (mangeons) du main et un jus d'orange tous les matins.

2) (Voulez)-vous danser avec moi? (vouloir)

3) Tu (sais) nager? (savoir)

3.
1) (Achetez) des légumes.
2) (Allons) au café.
3) (Passe)-moi la fourchette.
4) (Ecoutez) de la musique classique.
5) (Marche) doucement.
6) (Parlez) lentement.

4.
1) Est-ce que tu téléphones souvent à tes parents?
Oui, je leur téléphone souvent.
Non, je ne leur téléphone pas souvent.

2) Je donne la clé à Marie?
Oui, tu lui donnes la clé.
Non, tu ne lui donnes pas la clé.
또는 Oui, vous lui donnez la clé.
Non, vous ne lui donnez pas la clé.

3) Parlez-vous souvent à votre professeur?
Oui, je lui parle souvent.
Non, je ne lui parle pas souvent.

7과

1.

1) Tu (as) un vélo.
2) Elles (ont) des billets.
3) Nous (avons) les plans de Paris.
4) J'(ai) un appareil photo.
5) Vous (avez) un parapluie.
6) Il (a) mon portefeuille.

2.

1) (Quel) temps fait-il?
2) (Quelle) est cette photo?
3) (Quelle) saison aimez-vous?
4) (Quels) sont ces arbres?
5) (Quels) sports aimez-vous?

8과

1.

1) Tu (trouveras) peut-être une maison en banlieue.
2) Il (partira) à Paris le 1er mai.
3) Qu'est-ce que vous (ferez) demain?
4) Nous (serons) bientôt en vacances.
5) Je (viendrai) ce soir à neuf heures.

2.

1) Je voudrais rester encore huit jours à Lille.
   저는 릴에서 일주일을 더 머무르길 바랍니다.
2) Je voudrais voir le docteur.
   저는 박사님을 만나고 싶습니다.
3) Je voudrais un studio à Paris.
   저는 빠리에 있는 원룸 하나를 원합니다.
4) Je voudrais cette chambre.
   저는 이 방을 원합니다.

9과

1.

1) Tous les soirs, elle (se couche) de très bonne heure.

2) Les enfants (s'amusent) dans la cour.
3) Ils ne (s'aiment) pas.
4) (Vous connaissez)-vous depuis longtemps?
5) Elle (se repose) bien chez elle.
6) Nous (nous promenons) au bois de Boulogne le dimanche.

2.

1) Amusez-vous bien.
2) Lève-toi tôt.
3) Dépêchons-nous ! Le train part dans cinq minutes.
4) Asseyez-vous, s'il vous plaît ; le directeur arrive tout de suite.

10과

1.

1) On dîne souvent (au) restaurant.
2) Washington est la capitale (des) États-Unis.
3) Mon ami arrive (de) Séoul cet après-midi.
   – 도시명 앞에는 관사를 쓰지 않는다.
4) Elle va (aux) Champs-Élysées.
5) Ce soir, elle va arriver (du) Canada.

2.

1) Marie est l'élève (la plus intelligente) de sa classe.
2) Jacques est (le moins grand) de sa famille.
3) Monique chante (le mieux) de la classe.
4) Madelaine est (la meilleure) de mes amies.

3.

1) Elle (réussit) toujours aux examens.
2) A quelle heure (finissez) -vous votre travail?
3) Nous (commençons) à travailler à 9 heures.

1.

1) Achetez-vous ces fraises?

Oui, je les achète.
Non, je ne les achète pas.

2) Tu vois la cathédrale?

Oui, je la vois.
Non, je ne la vois pas.

3) Avez-vous les billets d'avion?

Oui. je les ai.
Non, je ne les ai pas.

4) Ne choisissez-vous pas cette chemise?

Si, je les choisis.
Non, je ne les choisis pas.

2.

1) Donne la clé à Christian.

Donne-la à Christian.

2) Écoutons cette chanson.

Écoutons-la.

3) Téléphonez à votre mari Vincent.

Téléphonez-lui.

4) Ne montrons pas ces revues aux enfants.

Ne les montrons pas aux enfants.

3.

1) Tu es au supermarché?

Oui, j'y suis.
Non, je n'y suis pas.

2) Ils habitent à Genève?

Oui, ils y habitent.
Non, ils n'y habitent pas.

3) Vous pensez à Paris?

Oui, j'y pense.
Non, je n'y pense pas.

1) J'ai pu dormir profondément. (pouvoir - pu)
나는 깊이 잠잘 수 있었다.

2) J'ai vu Monsieur SHIN hier soir. (voir - vu)
나는 어제 저녁에 신 선생님을 만났다.

3) Tu as voulu chanter. (vouloir - voulu)
너는 노래부르기를 원했다.

4) Les jeux Olympiques ont eu lieu à Séoul en 1988. (avoir - eu)
올림픽이 1988년에는 서울에서 열렸다.

5) Nous avons reçu des cadeaux. (recevoir - reçu)
우리는 선물들을 받았다.

6) Elle est morte en 2010. (mourir - mort)
그녀는 2010년에 죽었다.

7) Elles sont descendues en cave. (descendre - descendu)
그녀들은 지하실로 내려갔다.

8) Nous sommes arrivés à l'aéroport à huit heures. (arriver - arrivé)
우리는 8시에 공항에 도착했다.

9) Ils ont ouvert les enveloppes. (ouvrir - ouvert)
그들이 봉투들을 열었다.

10) Vincent Van Gogh est né en 1853 aux Pays-Bas. (naître - né)
빈센트 반 고흐는 1853년에 네덜란드에서 태어났다.

2.

1) Ils vivaient heureux. (Nous vivons)
그들은 행복하게 살고 있었다.

2) Il était pauvre quand j'étais enfant. (불규칙 변화)
내가 어렸을때 그는 가난했었다.

3) Je sortais quand elle est venue avec sa mère. (Nous sortons)
그녀가 그녀의 어머니와 함께 왔을때 나는 나가려 하고 있었다.

4) Je prenais une douche quand le téléphone a sonné. (Nous prenons)
전화가 울렸을때 나는 샤워를 하고 있었다.

5) J'écivais une lettre quand elle est entrée dans ma chambre. (Nous écrivons)
그녀가 내 방에 들어 왔을때 나는 편지를 쓰고 있었다.

6) Pendant mon séjour à Paris, j'allais tous les jours au Jardin du Luxembourg. (Nous allons)
내가 빠리에서 체류하고 있는 동안 나는 매일 뤽쌍부르 공원에 가곤했다.

7) Le mardi, le spectacle finissait vers minuit.
(Nous finissons)
화요일마다 공연은 자정 경에 끝나곤 했다.

 13과

1.

1) Je voudrais voir Monsier le Directeur.
저는 사장님을 뵙고 싶습니다.

2) Je voudrais parler à Sophie.
저는 소피하고 통화(말)하고 싶습니다.

3) Je voudrais envoyer cette lettre par avion.
저는 이 편지를 항공편으로 보내고 싶습니다.

4) Je voudrais toucher ce chèque.
저는 이 수표를 현금으로 바꾸고 싶습니다.

5) Je voudrais changer des dollars en euros.
저는 달러화를 유로화로 바꾸고 싶습니다.

2.

1) Je (dois) travailler mieux.

2) Comment (dit)-on 《Bonjour.》 en coréen?

3) En automne les arbres (jaunissent) et les
feuilles (tombent).

4) Je vous (attends) au café du coin à 18 heures.

5) Tu (vois) Madelaine chaque jour?

6) Elle (met) ses bagages à la consigne
automatique.

 14과

1.

1) Il faut y partir tout de suite.
그곳에 즉시 가야합니다.

2) Il faut encore deux cents euros.
200유로가 더 필요하다.

3) Est-ce qu'il faut changer de train pour aller
à Barbizon?
바르비종에 가기 위해서 열차를 갈아타야 합니까?

4) Il ne faut pas rouler si vite à Paris.
빠리에서는 매우 빨리 운전해서는 안됩니다.

5) Il faut environ 2 heures de Paris à Lyon en TGV.
TGV로 빠리에서 리용까지 가는데 약 2시간이 필요합니다.

2.

1) Il travaille toujours (en buvant).
그는 항상 술을 마시면서 일한다.

2) Elle marche (en chantant).
그녀는 노래하면서 걷고 있다.

3) J'écoute de la musique (en lisant) le journal.
나는 신문을 읽으면서 음악을 듣고 있다.

4) Elle regarde la télévision (en faisant) le ménage.
그녀는 집안 일을 하면서 TV를 본다.

5) J'ai rencontré ma copine (en attendant) le bus.
나는 버스를 기다리면서 여자 친구를 만났다.

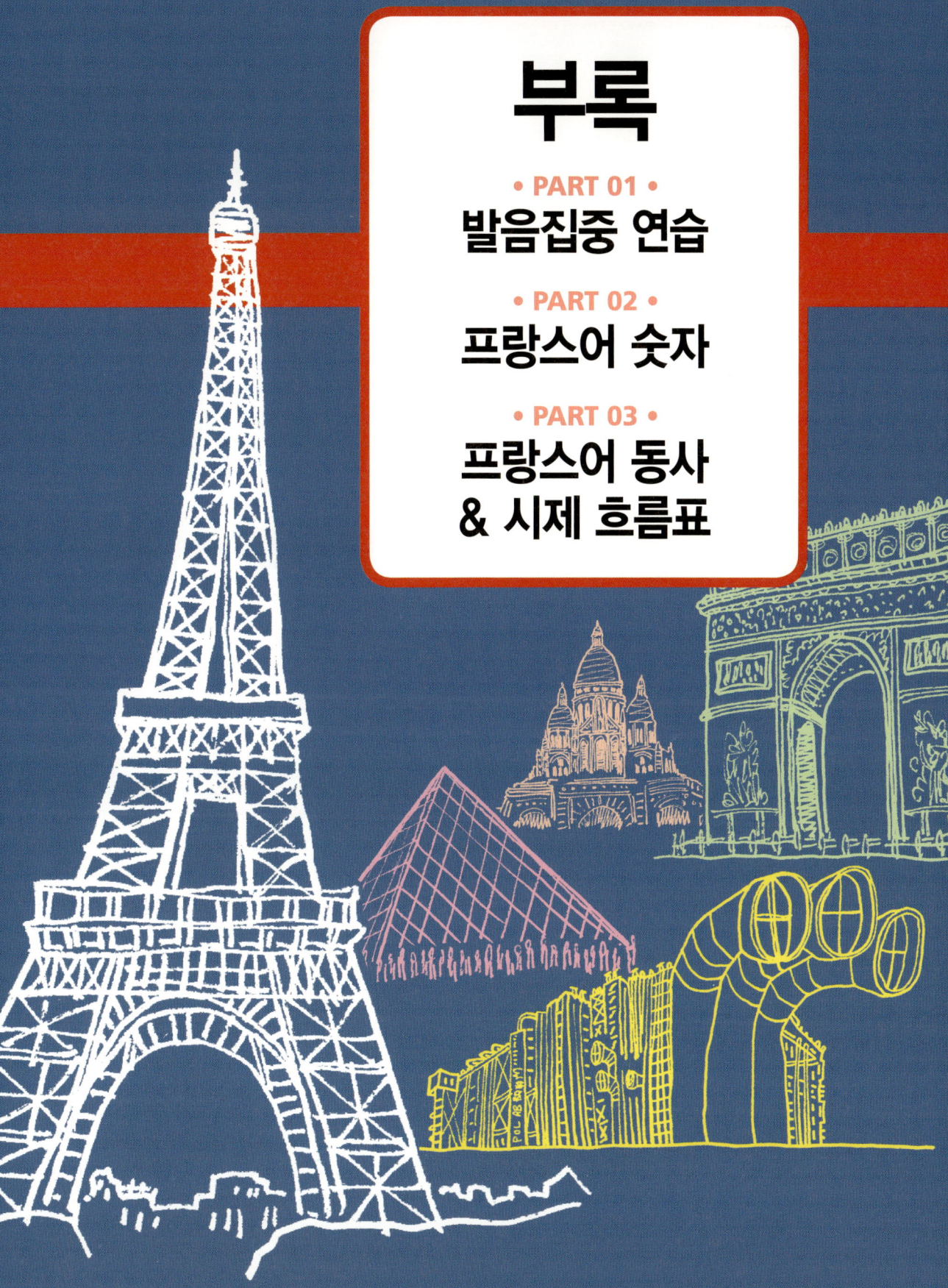

부록

 다음 단어들의 발음 기호를 잘 생각하며 읽어 보세요.

1 #45

nom
complet
prénom
on
rond
bonsoir
bonjour
pont
non
longtemps

2 #46

jambon
lampe
tampon
camp
campagne
français
France
étudiant
étudiante
an
ambassade

3 #47

roi
oiseau
mademoiselle
trois
poisson
québécois
soir
poire
toi
moi

4 #48

encore
argent
ensemble
silence
novembre
enfant
autrement
dent
pendant
tante
franchement
vacances
seulement
penser

apprendre

5 #49

simple
important
impossible
train
certain
demain
besoin
cousin
invitation
faim
symbole
matin
international
sympa
sympathique

6 #50

partiel
partial
aussi
diplomatie
nation
patience

148

cinéma
attention
démocratie
cigogne
cygne

7 #51

charme
chemin
chocolat
gauche
chercher
chef
chaise
chien
chat
chasseur
cher
chanson
charmant
chanter
machine
chou

8 #52

bleu
peu
lieu
eux
veut
deux

feu
jeu
heureux
paresseuse
peut
coiffeuse
chanteuse
serveuse

9 #53

jeune
neuf
fumeur
docteur
peuple
œuf
sœur
serveur
coiffeur
acteur
chanteur
ordinateur
aspirateur
menteur

10 #54

sauce
beauté
autorité
chaud
aujourd'hui

nouveau
gauche
eau
oiseau
peau
beaucoup
bureau
Beaujolais
chapeau
pause

11 #55

mai
raison
maison
aide
capitaine
laine
aile
j'aime
aimer
j'ai
connais
balai
dormais

12 #56

bouteille
famille
conseille
conseiller

fille

feuille

travaille

travailler

briller

soleil

sommeil

famille

cil

détail

Versailles

Marseille

Bastille

ville

mille

tranquille

péril

outil

fusil

fil

fils

13 #57

os

bus

autobus

jadis

hélas

ours

fils

vis

bis

vis-à-vis

virus

refus

obus

abus

14 #58

café

couleur

concours

cela

ceci

carte

encore

excuser

cinq

cent

bicyclette

c'est

ça

cette

ces

cet

commerçant

concert

corps

François

français

québécois

leçon

15 #59

paix

six

sixième

soixante

taxe

deux

examen

choix

chevaux

cheveux

animaux

prix

excepté

exercice

extrême

excursionner

16 #60

signe

signal

campagne

montagne

ignorant

Champagne

Bretagne

magnifique

saignant

cognac

champagne

indignation

pognon

cigogne
peigne
baignoire
agneau
enseigner
enseigne
clignoter
cygne
grignoter

présager
présage
dessert
désert
pressentiment
division
peser
pèse
poisson
poison
décision
excursion

science
scientifique
bien
rien
tien
mien
expérience
chien

17 #61

qui
quoi
que
quatre
quand
quitter
quotidien
pourquoi
bouquet
qualité
quelque
cinquante
cinquième
quelqu'un
quelqu'une

19 #63

sac
parc
lac
échec
tabac
blanc
direct
strict
exact
respecter
respect
aspect

21 #65

obstacle
objectif
obtenir
observer
obscurité
obstiné
abrupt
absent
abstrait
absolument
absurde
s'abstenir
abstrait

18 #62

passager
passagère
paysage

20 #64

audience
client
parisien

1. Nombres cardinaux (기수)

#66

0	zéro	[zero]	29	vingt-neuf	[vɛ̃nœf]
1	un, une	[œ̃, yn]	30	trente	[trɑ̃:t]
2	deux	[dø]	31	trente et un	[trɑ̃teœ̃]
3	trois	[trwɑ]	32	trente-deux	[trɑ̃tdø]
4	quatre	[katr]	40	quarante	[karɑ̃:t]
5	cinq	[sɛ̃:k]	50	cinquante	[sɛ̃kɑ̃:t]
6	six	[sis]	51	cinquante et un	[sɛ̃kɑ̃teœ̃]
7	sept	[sɛt]	60	soixante	[swasɑ̃:t]
8	huit	[ɥit]	61	soixante et un	[swasɑ̃:teœ̃]
9	neuf	[nœf]	70	soixante-dix	[swasɑ̃tdis]
10	dix	[dis]	71	soixante et onze	[swasɑ̃teɔ̃:z]
11	onze	[ɔ̃:z]	72	soixante-douze	[swasɑ̃tdu:z]
12	douze	[du:z]	80	quatre-vingts	[katrvɛ̃]
13	treize	[trɛ:z]	81	quatre-vingt-un	[katrvɛ̃œ̃]
14	quatorze	[katɔrz]	82	quatre-vingt-deux	[katrvɛ̃dø]
15	quinze	[kɛ̃:z]	90	quatre-vingt-dix	[katrvɛ̃dis]
16	seize	[sɛ:z]	92	quatre-vingt-douze	[katrvɛ̃du:z]
17	dix-sept	[dissɛt]	100	cent	[sɑ̃]
18	dix-huit	[dizɥit]	101	cent un	[sɑ̃œ̃]
19	dix-neuf	[diznœf]	200	deux cents	[døsɑ̃]
20	vingt	[vɛ̃]	310	trois cent dix	[trwɑsɑ̃dis]
21	vingt et un(e)	[vɛ̃teœ̃, –yn]	1000	mille	[mil]
22	vingt-deux	[vɛ̃tdø]	1001	mille un	[milœ̃]
23	vingt-trois	[vɛ̃ttrwɑ]	2000	deux mille	[dømil]
24	vingt-quatre	[vɛ̃tkatr]	1만	dix mille	[dimil]
25	vingt-cinq	[vɛ̃tsɛ̃:k]	10만	cent mille	[sɑ̃mil]
26	vingt-six	[vɛ̃tsis]	100만	un million	[œ̃miljɔ̃]
27	vingt-sept	[vɛ̃tsɛt]	200만	deux millions	[dømiljɔ̃]
28	vingt-huit	[vɛ̃tɥit]			

기수 형용사

ⓐ **5, 6, 8, 10**은 모두 어미의 자음이 발음되나, 다음에 자음이 오면 어미의 발음을 하지 않는게 원칙이다.

cinq fois [sɛ̃fwa] 5번   six sacs [sisak] 6개의 핸드백

cf sept livres [sɛtli:vr] 7권의 책
neuf livres [nœfli:vr] 9권의 책

ⓑ 20에서 60까지는 **vingt et un** [vɛ̃teœ̃] (21)처럼 1단위에서 un과의 사이에 et를 두지만, **80**이상부터는 **et**를 쓰지 않는다. 단, **71**도 et를 쓰지만, **et un**이 아니라 **et onze**를 써서 **soixante et onze** (60+11)가 된다.

quarante et un (41), quatre-vingt-un (81),
quatre-vingt-onze (91)

ⓒ et는 **앞쪽으로는 연음**(**liaison**)이 되지만, 뒤쪽으로는 연음을 하지 않는다.

cinquante et/un [sɛ̃kɑ̃teœ̃]

ⓓ 1에서 99까지는 dix-huit, quatre-vignt-treize (93)처럼 연결 부호(**trait d'union** 트레뒤니옹)를 쓰지만 100 이상의 수에서는 쓰지 않는다.

deux cent un (201), deux mille (2000)

ⓔ 숫자에서 **un**, **vingt**, **cent** 이외에는 절대 불변한다.
un은 성에 일치하여 un과 une이 되고, **vingt**과 **cent**은 앞에 **배수가 붙을 때 복수형**이 되지만, 뒤에 다른 숫자가 연이어 나오면 그대로 쓴다.

vingt et une personnes (21명의 사람들) [pɛrsɔn] – 사람
deux cents cahiers (200권의 공책들) [kaje] – 공책
deux cent vingt cahiers (220권의 공책들)

quatre-vingt**s** maisons (80채의 집들) [mɛzɔ̃] −집
quatre-vingt**t**-deux maisons (82채의 집들)

ⓕ cent (100)과 mille (1000)은 부정관사를 붙이지 않는다.

un cent (×) → cent (100)
un mille (×) → mille (1000)

mille은 복수에서 **절대 불변**한다. 또한, 연도에서는 **mil**을 쓴다.

l'an mil neuf cent quatre-vingt-dix-neuf 1999년

또는 2자리씩 끊어서 **dix-neuf cent quatre-vingt-dix-neuf**로 할 수도 있다.

ⓖ 100만 이상은 보통 명사로 취급되어 **un** million (1백만)처럼 관사가 붙으며, 배수가 있으면 어미에 -s를 붙이고 명사를 수식할 경우에는 전치사 **de**를 써 줘야 한다.

trois millions d'habitants [trwa miljɔ̃ dabitɑ̃] 300만의 주민들

🆑 deux mille habitants 2천명의 주민들

ⓗ mille은 **천 단위에서 십만 단위까지**를 나타내는 데 쓰인다.

deux mille (2×1.000 → 2.000)
vingt mille (20×1.000 → 20.000)

deux cent mille (200×1.000 → 200.000)

프랑스어에서는 자리수 표시를 ,(쉼표)가 아닌 .(마침표)로 한다.
우리나라와 표기 방식이 틀리니 주의를 해야 한다. 또한, 자리수 표시대신에 띄어쓰기도 한다.

30 000 (3만) / 500 000 (50만) 등

2. Nombres ordinaux (서수)

1er	premier	[prəmje]	14e	quatorzième	[katɔrzjɛm]
1ère	première	[prəmjɛ:r]	15e	quinzième	[kɛ̃zjɛm]
2e	deuxième	[døzjɛm]	16e	seizième	[sɛzjɛm]
	second	[səgɔ̃]	17e	dix- septième	[dissɛtjɛm]
	seconde	[səgɔ̃:d]	18e	dix- huitième	[dizɥitjɛm]
3e	troisième	[trwazjɛm]	19e	dix- neuvième	[diznœvijɛm]
4e	quatrième	[katrjɛm]	20e	vingtième	[vɛ̃tjɛm]
5e	cinquième	[sɛ̃kjɛm]	21e	vingt et unième	[vɛ̃teynjɛm]
6e	sixième	[sizjɛm]	22e	vingt-deuxième	[vɛ̃tdøzjɛm]
7e	septième	[sɛtjɛm]	30e	trentième	[trɑ̃tjɛm]
8e	huitième	[ɥitjɛm]	60e	soixantième	[swasɑ̃tjɛm]
9e	neuvième	[nœvjɛm]	70e	soixante-dixième	[swasɑ̃tdizjɛm]
10e	dixième	[dizjɛm]	71e	soixante et onzième	[swasɑ̃teɔ̃zjɛm]
11e	onzième	[ɔ̃zjɛm]	80e	quatre-vingtième	[katrvɛ̃tjɛm]
12e	douzième	[duzjɛm]	100e	centième	[sɑ̃tjɛm]
13e	treizième	[trɛzjɛm]	100만번째	millionième	[miljɔnjɛm]

'첫번째'만 남성 앞에서 premier, 여성 앞에서 première를 쓰고 그 이상부터는 **기수 뒤에 -ième**
을 붙이면 된다.

le premier livre 첫번째 책 / la première maison 첫 번째 집
vingt et unième leçon 21번째 과

단, 2번째는 deuxième과 **second(m.)** [səgɔ̃], **seconde(f.)**를 쓸 수 있다.

la seconde chambre = la deuxième chambre 두 번째 방

PART 03

프랑스어 동사 & 시제 흐름표

acheter 사다		aller 가다	appeler 부르다		s'asseoir 앉다	avoir 가지다	boire 마시다
achète	peser 무게를 달다	vais	appelle		m'assieds	ai	bois
achètes		vas	appelles		t'assieds	as	bois
achète	achever 완성하다	va	appelle		s'assied	a	boit
achetons	mener 이끌다	allons	appelons		nous asseyons	avons	buvons
achetez		allez	appelez	jeter 던지다	vous asseyez	avez	buvez
achètent	lever 일으키다	vont	appellent	épeler 철자를 말하다	s'asseyent	ont	boivent
[acheté]	crever 터지다	<allé>	[appelé]		[assis]	[eu]	[bu]
achèterai	semer 씨뿌리다	irai	appellerai		m'assiérai	aurai	boirai

conduire 데리고 가다		connaître 알다		courir 달리다		croire 생각하다	cueillir 따다	
conduis	cuire 굽다	connais		cours		crois	cueille	
conduis		connais		cours		crois	cueilles	
conduit	construire 세우다	connaît		court		croit	cueille	
conduisons	détruire 파괴하다	connaissons	paraître ~처럼 보이다	courons		croyons	cueillons	
conduisez	instuire 가르치다	connaissez	disparaître 사라지다	courez	parcourir 주파하다	croyez	cueillez	
conduisent	introduire 도입하다	connaissent	apparaître 나타나다	courent	accourir 급히오다	croient	cueillent	accueillir 맞이하다
	produire 생산하다		reconnaître 알아보다		secourir 구조하다			recueillir 모으다
[conduit]	réduire 줄이다	[connu]		[couru]		[cru]	[cueilli]	
conduirai	traduire 번역하다	connaîtrai		courrai		croirai	cueillerai	

devoir ~해야한다	dire 말하다	écrire 쓰다	envoyer 보내다	être 이다	faire 만들다	lire 읽다
dois	dis	écris	envoie	suis	fais	lis
dois	dis	écris	envoies	es	fais	lis
doit	dit	écrit	envoie	est	fait	lit
devons	disons	écrivons	envoyons	sommes	faisons	lisons
devez	dites	écrivez	envoyez	êtes	faites	lisez
doivent	disent	écrivent	envoient	sont	font	lisent
[dû]	[dit]	[écrit]	[envoyé]	[été]	[fait]	[lu]
devrai	dirai	écrirai	enverrai	serai	ferai	lirai

mettre 놓다		mourir 죽다	naître 태어나다	ouvrir 열다		peindre 그리다	
mets		meurs	nais	ouvre		peins	teindre 염색하다
mets	permettre 허락하다	meurs	nais	ouvres	couvrir 덮다	peins	atteindre 도달하다
met	promettre 약속하다	meurt	naît	ouvre	découvrir 발견하다	peint	éteindre 끄다
mettons		mourons	naissons	ouvrons		peignons	
mettez	soumettre 복종시키다	mourez	naissez	ouvrez	souffrir 고통을겪다	peignez	craindre 두려워하다
mettent	admettre 받아들이다	meurent	naissent	ouvrent	offrir 제공하다	peignent	plaindre 동정하다
[mis]	commettre 저지르다	<mort>	<né>	[ouvert]		[peint]	joindre 합치다
mettrai		mourrai	naîtrai	ouvrirai		peindrai	

pouvoir 할 수 있다	prendre 잡다		recevoir 받다		répondre 대답하다		rire 웃다	
peux	prends		reçois		réponds	défendre 막다	ris	
peux	prends		reçois		réponds		ris	
peut	prend		reçoit		répond	rendre 되돌려주다	rit	
pouvons	prenons	apprendre 배우다	recevons		répondons	prétendre 주장하다	rions	
pouvez	prenez		recevez	apercevoir 발견하다	répondez	entendre 듣다	riez	
peuvent	prennent	comprendre 이해하다	reçoivent		répondent		rient	sourire 미소짓다
		surprendre 놀라게하다		concevoir 이해하다		descendre 내려가다		
[pu]	[pris]	entreprendre 시도하다	[reçu]		[répondu]	attendre 기다리다	[ri]	
						vendre 팔다		
pourrai	prendrai		recevrai		répondrai	tendre 내밀다	rirai	

savoir 알다	sortir 외출하다		suivre 따라가다	se taire 조용히 하다	valoir 가치가 나가다
sais	sors	partir 떠나다	suis	me tais	vaux
sais	sors		suis	te tais	vaux
sait	sort	sentir 느끼다	suit	se tait	vaut
savons	sortons	servir 대접하다	suivons	nous taisons	valons
savez	sortez		suivez	vous taisez	valez
savent	sortent	dormir 자다	suivent	se taisent	valent
[su]	<sorti>	mentir 거짓말하다	[suivi]	[tu]	[valu]
saurai	sortirai	consentir 동의하다	suivrai	me tairai	vaudrai

venir 오다		vivre 살다	voir 보다	vouloir 원하다	비인칭표현
viens	devenir ~이 되다	vis	vois	veux	
viens		vis	vois	veux	
vient	revenir 다시오다	vit	voit	veut	falloir → il faut
venons	souvenir 회상하다	vivons	voyons	voulons	[il a fallu]
venez		vivez	voyez	voulez	il faudra
viennent	tenir 잡다	vivent	voient	veulent	pleuvoir → il pleut
	obtenir 얻다				[il a plu]
<venu>	contenir 포함하다	[vécu]	[vu]	[voulu]	il pleuvra
viendrai	retenir 붙잡다	vivrai	verrai	voudrai	

🔲 주요 시제 만드는 법

- 직설법 현재 : 제1군 (~er) [~é] -e / -es / -e / -ons / -ez / -ent
  제2군 (~ir) [~i] -is / -is / -it / -issons / -issez / -issent
  제3군 (불규칙이므로 동일 변화 그룹별로 암기)

- 직설법 복합과거 : 조동사 avoir나 être의 현재 + 과거분사

- 직설법 단순미래 : 1.2군 동사의 원형 + -ai / -as / -a / -ons / -ez / -ont (3군 불규칙 제외)

- 직설법 전미래 : 조동사 avoir 나 être의 단순미래 + 과거분사

- 직설법 반과거 : 직설법 현재 1인칭 복수 어간 + -ais / -ais / -ait / -ions / -iez / -aient (être는 étais)

- 직설법 대과거 : 조동사의 avoir 나 être의 반과거 + 과거분사

- 조건법 현재 : 단순미래 어간 + 반과거 어미 → 예외 없음

- 접속법 현재 : 직설법 현재 3인칭 복수 어간+ -e / -es / -e / -ions / -iez / -ent
  (nous, vous는 직설법 반과거 변화와 동일)

- 단순 과거 : -ai / -as / -a / -âmes / -âtes / -èrent
  -is / -is / -it / -îmes / -îtes / -irent
  -us / -us / -ut / -ûmes / -ûtes / -urent
  -ins / -ins / -int / -înmes / -întes / -inrent